Quelle der Liebe

Botschaften aus dem Universum

ARYCHONON

Quelle der Liebe

Botschaften aus dem Universum

Channeling-Texte
von
Stephanie Walz

Bibliografische Information der Deutschen Nationalbibliothek:
Die Deutsche Nationalbibliothek verzeichnet diese Publikation
in der Deutschen Nationalbibliografie; detaillierte
bibliografische Daten sind im Internet über http://dnb.dnb.de
abrufbar.

weitere Mitwirkende: Stephanie Walz, Schreibmedium

Herstellung und Verlag: BoD – Books on Demand,
Norderstedt

ISBN: 9783751913904

Inhaltsverzeichnis

Quelle der Liebe - Botschaften aus dem Universum

II

Vorwort

April 2020

Damals im Jahre 2016, als *Quelle der Liebe* entstand und 2017 *Vom Glück der Liebe*, habe ich aufgrund einer persönlichen Situation entschieden, mich auf die während Monaten nicht weichende Ahnung einzulassen: Nämlich, daß mich etwas Übergeordnetes ansprechen wollte, damit ich für eine breite Öffentlichkeit Nachrichten übermittle. Ich bezeichne mich als Schreibmedium (weitere Informationen unter www.arychonon.com) und habe diese Texte genauso mental empfangen und niedergeschrieben, wie sie hier veröffentlicht sind.

Woher kommen diese Texte?
Diese Frage hat mich lange beschäftigt. *"Botschaften aus dem Universum"* soll uns Menschen als Antwort dienen. Der Name ARYCHONON ist eine "Eingebung" und dient als Pseudonym.

Heute, in dieser Zeit im Zeichen der Covid-19-Krise, fällt mir auf, wie zutreffend einzelne Textpassagen sind. Ich bin erstaunt, dankbar und berührt zugleich, welche Aussagen ich bereits vor Jahren niederschreiben durfte. Das macht mir persönlich Mut.

Damals fehlte mir dieser Mut, um mit den Channeling-Texten, die zum Teil Prophezeiungen beinhalten, an die Öffentlichkeit zu treten. Andererseits fühlte ich mich schuldig, es nicht zu tun, da ich von der Methode "Stärkung und Unterstützung durch das weiße Licht" überzeugt bin. Ich wende sie seit einer Ausbildung zum Thema "Geistiges Heilen" seit vielen Jahren an und weiß, dass ich an einigen Klippen meines Lebens zerschellt oder in Strudeln untergegangen wäre, hätte ich nicht immer wieder Orientierung und innere Ruhe gefunden, um bestmögliche Entscheidungen zu treffen oder genügend Kraft für alles zu finden.

Mich haben diese Texte sehr berührt und mit Dankbarkeit erfüllt – ich möchte sie Ihnen nicht vorenthalten.

Ich wünsche Ihnen von Herzen, dass Sie die hier empfohlene Methode und Anregungen zu einem neuen Weltbild auf Ihrem Lebensweg stärkt und führt.

Stephanie Walz

Schreibmedium
www.arychonon.com

4

Einleitung

11. Juli 2016

Die Zeiten ändern sich hinsichtlich der kommunikativen Ebene, wie sich die Menschen verständigen und wie sie sich ausdrücken, um zu erfahren, was es alles in der Welt gibt und um was es sich handelt. Die elektronischen Hilfsmittel haben einen enormen Aufschwung in diesen Jahren erfahren und es kann nicht genügend daraufhin gewiesen werden, dass es sich derzeit um eine Zwischenwelt – im Sinne von Übergangsphase – handelt. Es ist lediglich eine Phase des Aufschwungs und der elektronischen – fast paradiesischen – Umstände, die sich jedoch durch die finanzielle Situation, die sich ändern kann, auch wieder beruhigen wird. Es geht darum, dass wir der Menschheit aufzeigen wollen, dass es sich in Bezug auf unsere Botschaften um kostenfreie und absolut spirituelle Fähigkeiten und Möglichkeiten handelt – die kein Geld und keine anderen Abhängigkeiten schaffen und benötigen.

Es geht um eine Verbreitung von einer Technik, die jeder Mann und jede Frau, jeder Jugendliche und jedes (geschulte) Kind sich zu Gemüte führen könnte und es tun sollte. Es soll schlussendlich die ganze Gesellschaft, die Bevölkerungen unterschiedlicher Herkunft – und über das Ganze betrachtet die Menschheit — beeinflussen. Wie ein Lauf-Feuer soll es im positiven Sinne die Verbreitung erfahren, so dass dieses Wissen sich im Kleinen zum Großen entwickelt.

Es geht um das "weiße Licht aus dem göttlichen Universum", das jeder Mensch zu sich beordern kann und damit an Kraft und Wissen erfährt. An Kraft und Wissen, was zu tun ist und wie man sich schützt vor Schwierigem und Schlechtem. Es geht darum, wie man sich damit in der Not beruhigen kann und wie man sich erhellt in der Dunkelheit. Dies ist versinnbildlicht durch das "Licht in der dunklen Kammer", wenn man in Not ist. Aber es geht auch darum, dass man es sich aneignet, das weiße Licht zu beordern täglich/oft zu üben. Bis man es schlussendlich als geistige und seelische Nahrung erkennt und es so sich zu eigen macht.

Es soll ein tägliches Prozedere sein, das man sich selbst zu Liebe aneignet und wie die Körperhygiene in seinen Alltag integriert.

Die geistige Nahrung wird auch die Willensstärke und die Leistungskraft steigern und so kann sich jeder seinen eigenen Weg besser gestalten und sich für seine Visionen und Wünsche besser wappnen, damit alles umgesetzt werden kann.

Dies alles soll dazu beitragen, dass sich die Gesellschaft bewusster und liebevoller zum Mitmenschen und zur Natur und somit zur Mutter Erde verhält. Es soll dazu beitragen, dass der Umweltschutz und die politischen Aufstände und Bewegungen nicht eskalieren, sondern wieder in Einklang kommen und bestmögliche Veränderungen vorgenommen werden.

Die Welt soll stabilisiert werden und in Zeiten des Umbruchs bewahrt werden, vor der Übernahme von dunkler Gesinnung.

Eines soll vorweggenommen werden: Es steigert die Hoffnung auf ein besseres Leben, wenn man sich täglich im göttlichen Licht aufhält – egal wie kurz oder lang. Diese Praktik ist die heilsame Verstärkung des Positiven – damit man sich vor den Unruhen und der Veränderung, die einem Angst und Schrecken verbreiten könnte, schützen kann.

**Die Welt geht nicht unter –
sie ist lediglich in der Veränderung.**

Stärkt Euch und geht in Frieden durch diese Zeitphase der neuen Kreation.

Ursprung der Kraft

11. Juli 2016

Die meisten Menschen fragen sich, warum wir auf diesem Planeten, der Erde, weilen. Wir haben keine Ahnung, woher wir kommen und wo wir eigentlich hinscheiden, wenn der Hauch des Lebens uns verlässt. Wenn wir in die Gräber getragen und in die Öfen geschoben werden, um dann in einer Zeremonie als Asche irgendwo verstreut werden oder sich andere Jahrzehnte lang um ein Grab kümmern – dabei ist der Augenblick kurz und selig – wo die Menschheit endet und in eine andere Form von Körper umsiedelt.

Dieser Ursprung dieses Daseins haben wir bewusst vergessen, weil wir das Getrennt-Sein von ihm ansonsten in der irdischen Gegenwart immerzu gegenwärtig hätten und das Leben als Leid und als Bürde betrachten würden.

Noch mehr, als es bei vielen Menschen der Fall ist. Wir haben verlernt zu vertrauen. Darauf, dass wir immer wieder in diese Quelle zurückkehren können – auch im Leib eines irdischen Wesens. Uns wird nur der Konsum von Gütern und die Lehre von Büchern vermittelt. Wir haben verlernt, in den Zustand von einer Art "Mysterium in Gedanken" zu wechseln. Wir haben den Sinn des Lebens verkannt. Nämlich, dass es ein Lehrgang der Sinne ist, sich mit Irdischem auseinander setzen zu müssen, aber doch mit der göttlichen Quelle verbunden zu sein.

Der Ursprung allen Lebens ist im Göttlichen zu suchen. Dies ist ein Universum, das Lichtjahre von hier entfernt und doch erreichbar innert Sekunden ist, wenn man sich der Technik von Verbindung mit dem göttlichen Universum gewahr ist.

Der Glaube, dass es funktioniert, ist eine irdische Bezeichnung: Sich hingeben – der Liebe im Augenblick

- das ist der erste Schritt, um in diesen Zustand zu gleiten.

Gehe in die Stille und du wirst

erkennen, dass der Zauber beginnt.

Die Gedanken kreisen und plötzlich

erfüllt dich das helle Licht und die

Entspannung kehrt durch deinen

ganzen Körper. Schließlich verbindet es

dich mit der göttlichen Liebe und

verbindet dich mit Ruhe und Kraft aus

der göttlichen Schöpfung.

Die meisten unter uns kreisen in Gedanken, ob sie es richtig machen, wenn sie die Meditation anstreben. Aber in dieser Methode geht es um Vertrauen. Vertrauen, dass der Strom der Liebe einem durchfluten wird und sobald man sich dies innerlich visualisiert, fließt es und man kann nur diesem Strahl folgen. Bis man gänzlich erfüllt ist.

Die Tränen werden einem überquellen, weil man sich so sehr schon längere Zeit – oder schon immer – nach dieser tiefen Form von Liebe gesehnt hat. Man ist hin- und hergerissen, zwischen dem Gefühl von Wieder- sehensfreude und Trauer, wie sehr man dies schon lange vermisst hat. Trauer, um den Verzicht, und Freude über das Empfangen, prallen in Sekundenschnelle zusam- men.

> Der Heilige Geist kehret über Euch und
> der Friede kehret ein.

Und so wird es täglich sein, wenn man sich diesen stillen Moment gönnt. Und so wird es sich kumulieren und es wird sich ausbreiten, wie eine "positive Seuche", wenn jeder Mensch sich dies aneignen würde. Die Menschen wären liebevoller und angstloser. Die Angst ist das Übel aller Menschen, wenn sie erkranken, wenn sie streiten und wenn sie das Recht unserer irdischen Welt verletzen.

Habgier und Neid, Missgunst und
Rache – das ist das Gegenteil von
göttlichem Vertrauen.

Das göttliche Vertrauen wird erlangt, in dem man sich dem Nehmen hingibt. Man bekommt es, wenn man es empfangen will. Dies wäre doch eine gute Gelegenheit, in Reichtum zu stehen – und es müssten alle diese schrecklichen Zustände von Angst, Missgunst etc. nicht mehr geben.

Jeder wird genährt, in einer Krisensituation und jeder wird geführt, in seiner ganz persönlichen Situation. Innehalten und zuhören.

So einfach wäre es, wenn man sich aus den medialen, abstumpfenden Alltags-Szenarien für einen Moment, für eine halbe Stunde oder weniger Zeit, ausschalten könnte.

Die erste Lektion wird sein, sich diesen Zeitraum zu gönnen. Eine halbe Stunde Verbindung mit dem göttlichen Universum. Unserer kraftspendenden Ur-Quelle allen Seins! Irdisch würde man sagen: Energie-Zentrum. Oder: Auflade-Station.

Wie "die Quelle allen Ursprungs" weiter zu nutzen ist, erfahrt Ihr, wenn die Einkehr mit sich selbst die Bilder in sich aufkommen lassen. Die Bilder zeigen wie Schatten seiner eigenen Seele, wo die Lektionen zu suchen und zu erlernen sind.

Die Personen, die einem erscheinen, sind die Themen und die Fragesteller. Es sind die "Hausaufgaben".

> Die Quelle allen Ursprungs wird
> euch vieles lehren.
> Seid bereit.

Labyrinth Angst

12. Juli 2016

Die Großzügigen unter euch haben es in diesem Sinne etwas leichter, als die engstirnigen und stets um ihr Hab und Gut besorgten Mitmenschen. Denn die Großzügigen haben weniger Angst. Sie haben nicht die Angst, etwas zu viel zu geben und dafür etwas zu wenig zu erhalten, ständig im Fokus. Deshalb haben sie ein freieres Gefühl im Umgang mit der Umwelt und deshalb wird ihnen weniger Widerstand entgegenkommen. Es ist eine Regel des Universums, dass Angst den Weg versperrt. Dass Angst die Herzen lähmt und so auch die Kommunikation beeinflusst. Auch Ängstliche können sehr kommunikativ sein. Es ist nicht so, dass die Angst nur lähmend wirkt. Nein, diese kann ganze Redeflüsse entfachen und sogar eine Gehirnwäsche bei vielen durchführen, ausgegangen von einem einzigen Panikmacher. In der Politik wird derzeit auf diese Masche gesetzt und es geht darum, mit der Angsthetze vermehrt Macht zu erlangen.

Aber für jeden einzelnen Menschen in einem normalen alltäglichen Umfeld ist die Angst der Feind Nr. 1 . Der Mensch ist wie von einem Virus befallen, wenn er der Angst mehr Raum und Kraft gibt, als es eine durchschnittliche Situation benötigt. Angst ist nicht nur schädlich, sie ist auch ein Gradmesser. In diesem Sinne geht es nicht darum, die Angst nie in sein Leben zu lassen. Es geht darum, ihr das richtige Maß beizumessen. Es ist zum Beispiel durchaus berechtigt, seinem Instinkt zu folgen, wenn man sich zum Beispiel in einem Hinterhalt in einer unsicheren Gegend unsicher oder ängstlich fühlt und aus einem Grund nicht durch eine verwinkelte Gasse gehen will, sondern lieber umkehrt und einen anderen Weg wählt. Diese Angst kann auch die innere Führung auslösen zum Schutz vor einer niedrigen und dunklen Macht, ausgehend von einem anderen Menschen.

Wir sprechen jetzt von der Angst, die den Instinkt abhält und vor dem Herzen eine Barrikade aufbaut. Instinkt und Herz sollten verbunden sein – und die Angst hat nichts zu suchen, wenn es darum geht, sich mit Liebe zu stärken – damit die Angst nur vordringen kann, wenn sie berechtigt ist.

> Die Angst ist ein Mangel an Vertrauen.

> Ein Mangel an Vertrauen ist ein Mangel an Liebe.

> Es ist ein Kreislauf, den es zu verstehen gilt.

Die Liebe erhalten wir vom göttlichen Universum. Der Glaube an die Existenz vom göttlichen Universum verleiht einem die Kraft und die Technik, jederzeit und in großem Maß in ganzer Fülle an die Liebe zu gelangen. Auch wenn sie nicht von einem Menschen ausgeströmt wird und nicht mit einer Liebesbeziehung in Bezug gebracht werden muss – d.h., keine Abhängigkeiten dadurch entstehen - und man nichts Anderes dafür tun muss, als Bereitschaft zu haben, sich zu öffnen und daran zu glauben, dass sie einem erfüllt.

> In der Ruhe findet ein jeder Zugang zur göttlichen Liebe.

Draußen in der Natur gelingt es den Menschen meistens, auf natürlichste Art und ohne bewusstes Tun, sich mit dem göttlichen Universum und mit dieser großen Liebesquelle zu verbinden. Die Schönheit der Natur, die Stimmung und die kraftvolle Energie betäubt die Angst, bezirzt von der Schönheit und von der magischen Ruhe.

Die Angst – grundsätzlich betrachtet – ist kein Feindbild. Sie ist vielmehr ein Indikator dafür, dass der Mensch eine Korrektur in seinem Verhalten anstreben sollte. Die Angst ist in diesem Sinne hilfreich, sich bewusst zu machen, dass es an Vertrauen fehlt und somit noch viel Potenzial vorhanden ist. Denn wo die Angst weicht, entsteht ein Vakuum. Und wenn die Liebe, die göttliche Liebe dieses Vakuum auffüllt, erfolgt ein Schub. Im Menschen als solches. D.h. in seiner Psyche, seinem Körper und in seiner allgemeinen Befindlichkeit von Geist, Körper und Seele. Und dies wiederum bewirkt, dass er in seinem Alltag erfolgreicherer alles bewältigen kann. Selbst die Niederlagen können noch etwas Positives bewirken, wenn man nicht

Angst erfüllt Bilanz zieht, sondern wieder mit Mut und Vertrauen – eben, mit Liebe angereichert – an die immer noch schwierige Situation herangehen kann.

"Die Kunst des Vertrauens" ist im Grunde die Fähigkeit, Liebe zu empfangen. Wer bereit ist, dieses himmlische Geschenk aufzunehmen, wird sich im Alltag und im Leben allgemein als persönlich erfolgreich und im Schutz von einer Gemeinschaft sehen.

> Der Friede erfolgt nach dem Prinzip des Vertrauens. Dieser Weg führt am Labyrinth der Angst vorbei – direkt zur allumfassenden Liebe.
>
> Vertrauen erhält Platz.
> Dieses Vertrauen bewirkt somit:
> Keine Angst-vor-der-Zukunft-haben und dies lässt einem die nötige Geduld dazu aufbringen.
> Liebe, Vertrauen, Geduld:
> Das führt zu einem Leben in innerer Freiheit. Es lohnt sich, die Liebe im unmittelbaren Moment zu üben.

Veränderung der Gesellschaft und Umwelt

13. Juli 2016

Die Versorgung aller Gefäße in unserem Körper durch das göttliche Licht, verdichtet zu einem gebündelten Kraftstrahl, das ist das physikalische Geheimnis. Man kann es sich nicht erklären. Der Mensch kann es sich nicht erklären, wie es physikalisch zu erklären ist, dass etwas Unsichtbares – etwas, was nur mental ersichtlich ist - auch physikalische Folgen, mit spürbaren Folgen in einem menschlichen Körper funktioniert. Vielmehr reicht die Wirkung noch weiter! Sie greift über zu Geist, Psyche – und schlussendlich auf die Umwelt.

Aus dieser Sicht ist es immens wichtig, dass der Mensch lernt, sich mit dem göttlichen Licht zu verbinden - auch im allerweitesten Sinn zum Schutz der Umwelt. Das veränderte Bewusstsein, das sich aufgrund des liebevolleren Umgangs mit sich selbst verändert, wird die Welt langsam, aber nachhaltig verändern können. Es ist immens wichtig, dass jede einzelne Person sich in dieser

Verantwortung sieht, quasi als gesellschaftliche Verpflichtung. Das wäre der Idealfall, wenn sich die Gesellschaft nicht mehr mit Tabu-Themen herumschlagen würde. Spiritualität sollte wie Religionsunterricht – als Freiheit und als ökologische Variante – gelehrt werden.

> Die Psychohygiene eins jeden einzelnen
> Bürgers macht im weitesten Sinne
> gesehen eine bessere Gesellschaft aus.

Aus fehlender Liebe entsteht Hass und Missgunst. Aus Angst entsteht Gewalt und aus Gewalt entsteht Leid und die Gesellschaft muss dies früher oder später auch finanziell mittragen.

Es wäre eine ökologische wie auch eine ökonomische Verbesserung, wenn die Menschen lernten, sich immer wieder selbst wie neu aufzutanken.

Es könnte schlussendlich zu einer friedlicheren Gesellschaft führen, denn wo innerer Friede eingekehrt ist, wird sich Gewalt vermindern und das Dunkle könnte immer wieder korrigiert werden, bevor das Suchtverhalten innerhalb einer Stadt oder ganzer Landschaftszüge dominieren kann. Die Verdrängung des Dunklen, des Bösen und des Leids, kann grundsätzlich durch das göttliche Licht angestrebt werden.

> Licht und Liebe ist immer stärker als
> Dunkelheit und Angst.

Die verdorbenen Winkel einer leidenden Seele werden das göttliche Licht sukzessive erhellen und von seinem Leiden befreien. Es kann auch mit kollektiven Behandlungen begonnen werden. Im Kollektiv entsteht gebündelte Kraft und es wird sich ausbreiten, diese Methode, wie es politische Führungskräfte und Parteien gibt. Es wird Lichtarbeiter-Parteien geben, die sich für die noch schwächeren Personen in der Gesellschaft mittels Fernbehandlung einsetzen könnten.

Diese These muss erst einmal in einer Gesellschaft unterbreitet werden. Es ist ein winziger Samen, als Idee verkörpert und es werden Menschen, die es am eigenen Leibe erfahren und fortgesetzt haben, in die Welt hinaustragen. Wie das erste Telefon-Gerät wird sich diese Technik der Stärkung durch Liebe und die Vertreibung von Bösem als alltägliches Werkzeug verbreiten.

Der "Polizei-Staat" wird zur Lichtarbeiter-Gemeinde. Jede Person wird es sich aneignen, auf ihre Weise (gemäß geographischen Begebenheiten, Klimanforderungen, etc.) eine Technik zu erlangen, sodass es schlussendlich wie eine gigantische Anpassung der ganzen Umgebung Auswirkungen haben wird. Es ist eine mentale Evolution, eine spirituelle Evolution, die sich in Gang setzen wird.

> Das Heil der Erde beginnt im Gebet um
> das göttliche Licht.

Ein Anfang ist in Sicht, sobald sich die These, die Theorie und die Bereitschaft, diese Idee und diese konstruktive Lösung zum Wohl aller Erdenbürger verbreiten wird.

Der Start ist Willenssache.

Die Vollendung ist in göttlicher
Unterstützung zum Wohl aller mit
Liebe und Kraft versehrt.

Werten und Zeitgefühl

14. Juli 2016

Das Mysterium Liebe wird wohl seit Menschengedenken von allen Seiten belichtet, studiert und dar-
gelegt. Aber im Grunde ist es kein Mysterium, sondern
ein Wunder, das nicht auf irdischem Weg hergeleitet
und erklärt werden kann. Liebe ist eine göttliche
Energie. Es ist die Quelle allen Ursprungs was den
Menschen betrifft. Selbst die Tierwelt entspringt der
Quelle von Liebe und göttlichem Licht. Jedes Lebewesen
hat eine Berechtigung auf Liebe. Es ist lediglich eine
Frage der Definition, wer sie mehr verwirklicht und wer
sie anscheinend nicht einmal empfangen kann.

Hier sind wir beim Werten. Man stelle sich die simple
Frage, ob man zum Beispiel davon ausgehen kann, dass
eine Spinne berechtigt ist Liebe zu empfangen. Vergleicht man die aufkommenden Gefühle und Gedanken
mit derselben Frage für ein junges Kätzchen oder eines
kleinen Hündchens, Löwenbaby, etc. – wird einem

schnell klar, dass wir Menschen ein sehr umfangreiches Raster für Wertmaßstäbe besitzen.

Auch eine Spinne ist aufgrund eines göttlichen Plans, einer Folge von Naturgesetzen entsprungen. Sie erfüllt entsprechend Aufgaben dieses Plans für den Planeten Erde und hilft das System im Gleichgewicht zu erhalten. Alles, was aus dem Plan – dem göttlichen Plan – zum Unterhalt der Erde, eines komplexen Planeten dient, entsprang der Liebe.

> Die göttliche Quelle allen Ursprungs
> IST Liebe.

Und wie es auch in anderen Religionen und im Christentum verbreitet ist, entspringt der Mensch aus einem göttlichen Übergeordnetem. Deshalb trägt er den berühmten "göttlichen Funken", in sich. Dieser gilt es lediglich zu entfachen und die Liebe kann sich ausbreiten.

Die Wertmaßstäbe sind jedoch nicht göttlich. Sie sind verwerflich und liegen in gänzlich anderen Gefilden, als wo sich die Liebe ansiedelt. Ein liebender Mensch lebt im Jetzt-Zustand, wenn er spürt, dass er liebt. Ein wertender Mensch, schaltet blitzartig in die Zukunft und vergleicht mit der Vergangenheit. Gleichzeitig wägt er im Jetzt ab, ob und wie ihm dieser Kontakt von Nutzen sein kann.

Der Liebende, der im Jetzt das erhebende Gefühl vor Liebe wahrnimmt, ist so sehr in dieser Kraft, so dass er sogar die Zukunft nicht bewerten kann. Er will nämlich, dass dieser Moment – dieser magische Moment – nie aufhört.

Dann kommt er oft in die Angst – nämlich in die Verlust-Angst, er könne diesen Moment nicht lange genug festhalten. Und dann ist er in die Zukunft gerutscht und vergleicht dort mit der Vergangenheit, weil er z.B. lange Zeit einsam war und nun froh ist, jemanden gefunden zu haben, etc. …

Die Aussage ist die, dass die Liebe
zeitlos ist – weil sie immer nur im
momentanen Augenblick zu spüren ist.

Und wenn ein Mensch anstrebt, ein liebevolles Leben zu leben, tut er gut daran, sich vermehrt auf den Moment zu konzentrieren. Er soll sich immer wieder auf den Moment besinnen und sich fragen, ob er tatsächlich in Harmonie mit sich und der Liebe steht. Selbst in einem hektischen Alltag mit Ärger und Hektik ist dies so gut wie möglich anzustreben. Anders gesagt: es gilt, nicht in die Angst zu kommen.

Denn wenn die Angst aufflammt, erhöht dies alle wertenden Skalen, die man sich nur vorstellen kann. Aus Angst wird z.B. jemand abgewiesen, obwohl er eventuell eine Stütze gewesen wäre. Oder etwas wird verworfen, was ohne genauere Prüfung vielleicht absolut eine Verschwendung ist … Angst macht in diesem Sinne blind.

Wie die Zeit auch eine Erfindung der Menschen ist, geht es darum, in der Liebe den Zeitfaktor nicht stetig anzuwenden. "Warten auf die Liebe", als Beispiel. Wenn man sich vorstellt, dass man nur noch einen Tag warten muss, bis man die große Liebe findet – dann ist dies eine frohe Botschaft. Man ist nicht betrübt. Aber wenn man wissen würde, dass es noch drei Jahre oder neun Monate dauern würde, wäre man vor lauter Angst – wie dies bloß auszuhalten und zu bewältigen sei – betrübt, antriebslos und vernachlässigt unter Umständen vieles. Es geht darum zu erkennen, dass man im Vertrauen sein soll und daran zu glauben, dass jeder Zeitpunkt eine Chance auf Liebe hat. Und in diesem Sinne ist hier aufgezeigt, dass die Liebe der Schlüssel zu allem ist:

Liebe vertreibt die Angst.
Die Angst wird durch das Vertrauen besiegt und das Vertrauen (und somit das Keine Angst-vor-der-Zukunft-haben) vermittelt die Bereitschaft, die Geduld aufbringen, bis es soweit ist.

Liebe, Vertrauen, Geduld: Das führt
zu einem Leben in innerer Freiheit.

Es lohnt sich, die Liebe im unmittel-
baren Moment zu üben!

Erfolg und Wohlstand

15. Juli 2016

Ungebrochen ist der Wille eines Menschen, sich in der Zukunft zu verwirklichen und sich in Erfolg und Wohlstand zu verwirklichen. Es ist jedoch so, dass die meisten unserer Zeitgenossen blind in ihr Verderben eilen, weil sie ihr Seelenheil vernachlässigen. Sie sehen nur das Ziel und nicht die Ursache, nämlich den Schaden von dem, was sie unter Erfolg und dessen Produkt erkennen und definieren.

> Der Erfolg ist immer ein Spiegel
> seiner selbst.

Dies zu erkennen ist eine der wichtigsten Regeln des spirituellen Gesetzes über Geld und entsprechendem Reichtum.

Die Sorge um das Seelenheil jedoch ist auf einer gänzlich anderen Ebene in einer gänzlich andren Skala zu definieren.

Der innere Reichtum ist ein göttlicher Segen, den man sich über die Jahre des irdischen Lebens aneignet.

Die Ressourcen und die Veranlagung nimmt man seit Geburt mit an den Start und es werden Seelenanteile früherer Leben miteingespeist, in den Plan dieses aktuellen Erdendaseins.

Das göttliche Licht enthält alle Informationen für die Stärkung eines jeden Menschenbürgers. Das Höhere, das Göttliche ist die Kraft aller Menschen. Es ist nur eine Frage des Bittens, des Gebets, es anzurufen. "Gott", "der Heilige Geist", "Jesus", alle anderen Religionen und ihre obersten Götter-Namen ... das alles kommt aus einem Kelch. Es ist die Kraft des göttlichen Universums und benötigt eigentlich keine Namensbezeichnung. Es entspringt der Kultur eines jeden Volkes, ihre eigenen Götter und spirituellen Führer, Philosophen, Gurus, wie sie auch immer zu bezeichnen sind – aber die dahinterstehende Kraft ist immer dieselbe ...

Schlussendlich geht es darum, eine höhere Macht zu akzeptieren und sie zu EIGEN zu machen.

Die Weltorganisation kennt Politik und Religion – aber im Hintergrund wirken gänzlich andere Kräfte. Unsichtbar und mit zeitlos spirituellen Gesetzen. Diese Akzeptanz ist ein zweiter Schritt. Und mit der Zeit erhält der Mensch ein neues Weltbild und es wird für ihn normal, wie das tägliche Gebet und wie die tägliche Körperhygiene, diese beiden Komponenten in seinen Tag, in sein Leben zu integrieren.

Die Gebete werden zu Lichtquellen. Die Gebete werden zur lichtdurchtränkten Kraftquelle von Liebe und Vertrauen.

Der Frieden kehrt ein und die Gesellschaft wird friedlicher. Das ist das Ziel, des Kosmos. Die Welt wird kurz vor dem Kollabieren sich besinnen müssen, durch Leid zu lernen und sich innerlich für die vielen schrecklichen Ereignisse und Umstände, nahenden

Naturkatastrophen und schwelende Kriegsherde zu wappnen. "Jeder für sich und alle für jeden." Diese Regel, wird mit den Jahren immer deutlicher. Diese Anstrengung für das eigene Wohl – das schlussendlich allen dient - diese Erkenntnis wird durch das kollektive Gebet aufgrund von terroristischen Anschlägen und Naturkatastrophen, politischen Fehleinschätzungen und dessen Folgen, immer mehr verbreitet werden.

Das politische Statement wird zum kosmischen Gebet und zur spirituellen Wandlung. Grenzen werden gesprengt, weil sich die Landessprache nicht auf diese Technik versteift. Das kosmische Gebet, das göttliche Licht, kennt keine Unterschiede in Sprachen und kennt keine Landesgrenzen.

Die Lichtarbeit ist eine Weltangelegenheit.

Die zunehmende Täuschung des Erfolges ist somit ein Ablenkungsmanöver des wichtigeren Ziels, das zu materiellem UND zu seelischem Heil führt. Der Luxus –

der vermeintliche Luxus – betäubt und schottet ganze Gesellschaftsschichten von sich selber ab. Der Wille zur Rückkehr kommt durch den auferlegten Verzicht. Denn: Die Weltwirtschaft kann nicht wachsen und es müssen neue Quellen gefunden werden und neue Strategien entwickelt werden, um die Bevölkerung zu ernähren und entsprechend mit Energie zu versorgen. Deshalb wird der Luxus im Laufe der Jahrzehnte verpönt sein und die Werte verändern sich automatisch.

Dies hilft den Einzelnen, sich auf ihre Mitte zu konzentrieren. Das gesellschaftliche, öffentliche Leben ist nicht mehr so exzessiv aufwühlend und aufregend. Die Mittel stehen nicht zur Verfügung und jeder ist auf sich und sein unmittelbares Umfeld angewiesen. Der innere Reichtum, der jeder bei sich und seinen nächsten entdecken wird, entlohnt und stärkt die Gesellschaft auf wundersame Weise.

Göttliche Liebe ist ein Wunder.

Sie ist nicht zu erklären,
nicht zu definieren,
sie gilt es zu erbitten.

Wer bittet, wird erhöht.

Erhöhte Schwingung und neue Generation

17. Juli 2016

Im Sog aller Geschehnisse dieser Tage, kann man davon ausgehen, dass sich die Schwingungen dieser Erde erhöhen werden. Dies ist lange Zeit umstritten gewesen und bedarf gar keiner weiteren Beweise mehr. Man kann sich täglich und immer wieder in den Medien und auch selbst von der gesteigerten Dynamik der Ereignisse dieser Welt und auch im eigenen Alltag ein Bild machen.

Es sind die inneren Werte, die umso mehr dafür sorgen sollten, dass ein Gegengewicht entsteht für eine Dynamik, die außer Kontrolle schleifen könnte. Es sind die Werte der Politik, die schlussendlich aus dem Inneren jedes einzelnen Bürgers stammen. Die Denkart, die Handlungsart; dies alles macht eine Gesellschaft aus. Und deshalb ist es wichtig, dass das Bewusstsein jedes einzelnen Menschen im eigenen Denken, Handeln und auch in der Erziehung unserer Kinder und beim

Verhalten am Arbeitsplatz von großer Wichtigkeit erscheint.

Dazu muss man sich im Fühlen und im Empfinden von alten Begebenheiten im Klaren sein. Es sind die alten Erziehungswerte, die nicht mehr greifen und es sind die neuen Technologien, die damit aufeinanderprallen. Die heutigen Kinder im Teenageralter sind unserer Zeit in vielem Voraus. Sie haben eine Genetik erhalten, die den Eltern, die sie erziehen sollten, weit voraus sind. Sie rebellieren deshalb umso mehr oder setzen sich ohne große Worte über die vermeintliche Autorität ihrer Eltern hinweg. Die Weitsicht eines jeden Erziehungs-beraters und Lehrkörpers ist gefragterer denn je. Es müssen neue sozilogische und neue pädagogische Lehrmittel erarbeitete werden, die einerseits der heuti-gen Technik angepasst sind, aber auch dem Charakter und der genetisch hinterlegten Veranlagung dieser neuen selbstbewussten Generation – die sich erst so rich-tig beginnt zu entwickeln – entsprechen und sie somit in ein "anderes Lager" zu verschieben vermögen.

Es sind bereits erste Studien von stark verändertem Körperverhalten aufgetaucht und diese sollten ernst genommen werden. Die Motorik hat sich verändert und so entsprechend die Hirntätigkeit. Es ist wichtig, dass dies von höchster Stelle der Regierungen erkannt wird und die Gesellschaft mit handlungsaktiven Maßnahmen darauf vorbereitet. Ansonsten droht ein Aufstand, der viel Energie und gestörter Frieden kosten wird.

Die Revolution in den Schulen ist vorprogrammiert und die Eltern sehen ihre Kinder nur noch aus einer sehr weit entfernten Perspektive. Sie können es nicht verstehen, dass ihre liebevoll gemeinte Erziehung in keiner Weise gegriffen hat und der Konsum überhandnimmt, bis es an Grenzen der Unerträglichkeit stößt. Die Kinder der Kinder werden das Nachsehen haben, weil die Ressourcen nicht mehr ausreichen, diesen Lebensstandard aufrecht zu erhalten. Es geht in diesem Sinne um die Sensibilisierung der Umweltbelastung. Die eine Hälfte der momentanen Generation ist sehr sensibilisiert auf die Versorgung; andere sind sich in keiner Weise bewusst, dass die Verschwendung in eine Sackgasse führt.

Diese beiden Seiten einer Generation werden sich in einer Art bekämpfen, die sich in politischen Auseinandersetzungen auswirken wird. Nicht Bürgerkrieg ähnlich, aber mit Sanktionen und Ausgrenzungen, die auch gesellschaftliche Konsequenzen haben werden.

Die weitreichendste Maßnahme ist es derzeit, dass man sich auf die inneren Werte besinnt. Dies als Erinnerung und Ursprung der Idee, die erhöhte Schwingung der Erde mittels Hilfe von jedem einzelnen Erdenbürger in der Balance zu halten. Die Lichtquelle ist eine Maßnahme, um sich zu zentrieren, wenn die Wogen hochschlagen, wenn die Wut und die Zweifel, die Hilflosigkeit oder die Gewalt einem droht mit Angst zu lähmen.

Es gilt eine neue Gesellschaftsform zu prägen und der Mut und die liebevolle Zuversicht ist ein wichtiges

Werkzeug dafür. Die Erde kann sich keine weiteren Kriege, d.h. keine neuen Brandherde leisten. Die Umwelt wird es nicht verkraften, deshalb müssen die inneren Werte und die inneren Kriege mittels Hilfe von göttlicher Quellenkraft besänftigt und ins Lot gebracht werden.

> Friede kehret ein, in jeden Einzelnen –
> dies als Ziel und als Botschaft eines
> Lösungsansatzes, die es gilt zu verbreiten.

Es benötigt keine neuen Waffen, keine neuen Energiequellen im Sinne von Neuerfindungen – nicht mehr als sie ohnehin im Zeitlauf der Erdgeschichte entstehen werden – aber es benötigt eine neue Dimension von Energie: Die göttliche Licht-Quelle.

> Der Glaube daran, wird einen
> Durchbruch und eine Wende bringen.

Erhöhte Aggression

17. Juli 2016

Die Kuriositäten dieser Gesellschaft finden in allen verwinkelten Gedanken und in den hintersten Winkeln jedes einzelnen Erdenbürgers statt. Die Politik hat dazu keine gute Grundlage gelegt und auch die Kirchenoberhäupter haben in der langzeitlichen Vergangenheit auch keine großen Vorbilder hervorgebracht. Man fragt sich daher, woher die moralischen Maßstäbe kommen, die eine Gesellschaft, die eine Kultur als Halt und als Vorlage für eine weitere Entwicklung annehmen kann. Die kulturellen Unterschiede sind beträchtlich und derzeit auf der ganzen Welt am Abklären, welche Grenzen zu überwinden sind und welche starr und nicht verhandelbar. Die Welt ist sich sozusagen am "Näherkennenlernen". Die Völker müssen zusammenrücken und die Grenzen werden in Frage gestellt, weil menschliches Leid über allem ein Fragezeichen setzen. Ist Humanität wichtiger als geographisches Landrecht? Ist die grenzüberschreitende Religion ein Hindernis für

Humanität? Ist der Kern vom kriegerischen Übel tatsächlich in der Unterschiedlichkeit von Religion und Kultur zu betrachten?

Es ist vielmehr der Zorn der Einzelnen über ihre persönliche Ungerechtigkeit und über ihr persönliches Schicksal, das die Menschen an die Grenzen ihrer Vernunft bringen. Es sind nur vordergründig die politischen und die kulturellen Bewegungen, die zu Unstimmigkeiten führen. Es geht darum, dass die erhöhte Schwingung aufgrund der Erdmagnetfeldverschiebungen die Menschen aggressiver machen. Es ist wie eine Form von Gehirnwäsche, die sich keiner vorstellen kann. Es ist jedoch so, dass es schlussendlich einer physikalischen Grundlage unterliegt, dass dem so ist.

Wenn man sich dessen mehr bewusst wäre, könnte man auch die entsprechenden Maßnahmen ergreifen.

Die Welt kommt in Bewegung durch
diese unsichtbare Animation von
Gewalt und Aggression.

Es kommt wie ein Virus über die Völker und peitscht die bereits - tatsächlich politischen und geographischen – Konflikte auf. Die Ursache liegt jedoch an einem anderen Ort und das Gegenmittel wäre eine Methode, um die Geister zu besänftigen und sich wieder zentrieren zu können, bevor man zu Gewalt und Kriegsausbrüchen, Verleumdung und anderen scheußlichen Handlungen an anderen übergreifen würde.

Es geht um die Erkenntnis, dass man sich bereits im Vorschul-Kindsalter damit beschäftigen sollte, dass man aufkommende Aggression mittels einer Schnell-Meditation – solange die Aggression aufsteigend ist – bekämpft. Es sollte geschult werden, dass man sich nicht immer im Zweikampf befindet. D.h., dass sich die Aggressoren nicht unbedingt im Du bzw. in einer anderen Person befinden müssen. Sondern, dass es wie eine Naturgewalt über einem kommen kann. So, wie sich Länder auf Erdbeben bereits im Vorschul-kindergarten wappnen, sollte es geschult werden, dass man die innere Aggression abklingen lassen kann, bevor sie aufkeimt und Schaden anrichtet.

Das Anti-Wut-Programm in Vorschulalter wäre noch spielerisch und unbekümmert – ohne politischen Anstrich – in die Gesellschaft einzuschleusen. Mit einer Selbstverständlichkeit und mit einer Natürlichkeit, wie es Kinder in diesem Alter gewohnt sind.

Die Eltern dieser ersten Generation gilt es jetzt zu sensibilisieren und davon zu überzeugen, dass ihre Kinder in einigen Jahren mit dieser Haltung, dieser Lebensphilosophie und Erkenntnis aufwachsen sollen. Es soll gelehrt werden, wie z.B. die Aufklärung und Bekämpfung von "Littering". Oder von Regeln zum eigenen Schutz, wie z.B. gegen sexuelle Übergriffe oder gegen andere Verhaltensweisen, die einem mit dem Polizeiapparat / Gesetz in Kontakt bringen könnten.

> Aggressions-Prävention wird ein
> tägliches Brot.
> Verkündet diese Vision.

Neue Impulse für medizinische Problemlösungen

18. Juli 2016

Hätte man sich vor einem Jahrhundert dieselbe Fragestellung gesetzt, dann wäre man im Irrenhaus gelandet. Vor hundert Jahren war die Technologie und die Wirtschaft, die Psychologie, die Philosophie bezüglich Gesellschaft und Politik an einem gänzlich anderen Ort gestanden.

Das soll man sich einmal bildlich vorstellen: WAS sich in den letzten hundert Jahren, in zehn Jahrzehnten alles verändert hat und bewirkt worden ist. Und nun vergleicht man sein Gefühl, wenn man diesen Text mit diesen Visionen einwirken lässt. Unmöglich, wirr, bizarr, illusorisch! Wie soll denn das gehen? Spinnereien, Zukunftsgeplänkel ohne Halt und Boden ...
"Die Welt ist eine Scheibe!"..., dies zur Erinnerung!"

Wir möchten alle Erdenbürger aufrufen, sich auf das Vertrauen auf Wissen und Macht zu besinnen. Wissen ist Macht und es ist aber auch Schutz und Hilfeleistung. Die Macht zu haben, sich einer neuen Gesetzmäßigkeit zu unterordnen ist eine riesige Chance für Umwelt und Gesellschaft. Es benötigt lediglich ein Umdenken und ein paar wenige Maßnahmen, sich den Alltag anderes einzuteilen, die Schulen einer Revidierung ihres Konzeptes zu unterziehen und auch an den Arbeitsplätzen sollten entsprechende Maßnahmen ergriffen werden. Z.B. die Arbeitszeit entsprechend anzupassen. So, dass jeder Mensch, sich in seinem Bewusstsein immer wieder stärken kann und so schlussendlich auch dem Unternehmen betriebswirtschaftlichen Gewinn und Nutzen bringen wird.

Die ausgeklügeltsten Konzepte von Politik und Wirtschaft können dies nicht innert so kurzer Zeit bewirken, wie es die Anwendung, resp. die Zulassung von göttlichem Licht in einer Mediation (angewendet in gleichmäßigem Rhythmus) tun wird.

Die allumfassende Regeneration aller Hirnzellen würde mehrmonatige medizinische Betreuung beinhalten, falls man davon ausgehen kann, dass bis dahin überhaupt medizinische Erfindungen für diese Regeneration entwickelt worden sind. Ebenso nicht für Krankheiten wie Erschöpfungszustände, Depressionen (was nur eine Folgeerscheinung ist) und Zuckerkrankheit – was auch wiederum eine Folge von deprimiertem Zustand ist und Essen als Kompensation das Bindeglied darstellt. Diabetes wird weltweit eine verheerende Schadenswelle verursachen. Und die Ursache von Diabetes ist auf psychosomatischer Ebene im weitesten Sinne die Unfähigkeit, die Liebe anzunehmen und das Süße vom Leben in Lebenskraft umzusetzen.

Dies ist wahrlich ein sehr provokativer Satz, aber man stelle sich einmal vor, dass der Diabeteskranke sich täglich mit der göttlichen Liebe ergänzend "ernähren" würde und er es – weil seelisch genährt – nicht mehr nötig hätte, diese für ihn schädliche "Kompensations-Nahrung" in zu großer Menge zu sich zu nehmen. Entsprechend würden sich die Blutwerte und auch die Blutzuckerkrankheit regenerieren können.

Liebe ist für vieles und im Grunde für
alles eine heilsame Lösung.

Die göttliche Liebe, aus dem göttlichen
Universum, ist die Antwort auf alles,
was den Menschen betrifft. Vom
Weltfrieden bis zur einzelnen Blutzelle.

Die Weltorganisationen werden sich darauf besinnen, dass es auch in anderen Ländern funktioniert, sodass auch die Forschung Aufmerksamkeit auf die mediale, mentale Krafteinströmung Aufmerksamkeit erlangt hat. Und man wird es wissenschaftlich untersuchen wollen. Man stößt natürlich an Grenzen, aber man anerkennt über diverse andere Vermittler, dass die geistige Heilung mittels des göttlichen Lichts viel Gutes bewirken kann. Auch wenn man es nicht mit Formeln und Statistiken, Messungen und Nachweisen belegen kann. ABER: Man kann die positiven Veränderungen und Heilungsprozesse belegen und erkennen.

Die Schamanen, die Heiler aus dem Urvolk, werden auf gesellschaftlicher Ebene neu entdeckt und aufgrund dieses Wissens und auch aufgrund geheimer wissenschaftlicher Untersuchungen in der Weltall-Forschung und medizinischen Experimenten auf geheimster Stufe, werden diese Pilotversuche ausgeweitet.

Der alltägliche Schutz, aus dem göttlichen Universum, basierend auf dem göttlichen Licht – ist der Schlüssel zu Regeneration und schlussendlich zum heilenden Schutz.

Die Anerkennung dieser natürlichen Ressource unseres Erdendaseins wird sehr viele Spannungen in der Gesellschaft verursachen. Und es gilt wie nach einer Explosion eine Implosion zu vermeiden. Die ersten gläubigen Lichtarbeiter sollen sich verbünden und vom Brandherd heraus die Verbreitung dieser Methode vorantreiben.

"Jeder für alle und alle für jeden!"

Dieser Leitsatz gilt für die nächsten
hundert Jahre.

Veränderungen durch Naturkatastrophen

20. Juli 2016

Der "Untergang der Erde" ist ein berüchtigt heikles Thema, stigmatisiert und immer wieder durch Phasen einer Gesellschaft und von vielen Generationen thematisiert. Derzeit ist wieder eine Welle am Anrollen und man findet in der Presse und anderen Medien allerlei zu diesem Thema. Einerseits wird es belächelt und als sektiererisch abgetan, andererseits als religiösen Beleg, dass es bald so weit sein wird und sich alle in Vorbereitung befinden, zuversichtlich ins "Ewige Reich" zu gleiten.

Dieser Sarkasmus ist nicht angebracht. Es geht sehr wohl um Vorbereitung, aber in diesem Sinne geht es um Vorbereitung für eine neue Zeitphase. Der Untergang wird sich in einzelnen Teilen der Erde ereignen und für die betroffenen Menschen ist dies sehr wohl ein Ende und eine gigantische Verwüstung, die galaktische Ausmaße für ihre Wahrnehmung annimmt. Aber es sind Naturkatastrophen, die sich aus der emotionalen Distanz heraus immer schon auf diesem Planeten ereignet haben und zu all dem unsäglichen Leid auf Erden angereiht werden. Die Welt ist und kann schrecklich grausam sein.

Aber es geht darum, dass die Zivilisation anders mit den Naturveränderungen umgeht. Es geht darum, dass man sich mental wappnet und sich insofern auch physikalisch anders verhält und sich vorbereitet, wenn kritische Lebensphasen nahen, ohne in Hetze und Panik zu gelangen, sondern immer wieder besonnen reagieren kann und mit einer neuen Form von Ur-Vertrauen und Anpassungsfähigkeit in wilden Zeiten der Veränderung handeln kann. Es geht auch darum, dass die Älteren dieser betroffenen Generation den Kindern und Alten eine Stütze sind; im Sinne von Vorbild und Mut-Spender.

Es ist wie in einer Kolonie von Nomaden: Die vordersten und die hinteren Glieder dürfen nicht in Panik geraten.

Die Methode der geistigen Stärkung durch die Quelle von göttlichem Licht, ist der Schlüssel zur Beruhigung in diesen Katastrophen-Lebensphasen. Die Umwelt wird auf unterschiedliche Eruptionen und entsprechende Folgereaktionen reagieren. Aber die Menschheit muss sich anpassen und mit innerer Stärke neue Regelungen und Maßnahmen ergreifen.

Die göttliche Licht-Quelle wird vermehrt in den Vordergrund rücken, um die mentale Stärke für diese enorme Anstrengung werden.

> Der Friede sei mit euch – durch alle
> Phasen von Unruhe und Angst.

Die Gründe für die Naturkatastrophen sind nicht unbedingt in der Ursache von überspanntem Konsum und entsprechender Umweltbelastung zu suchen. Es sind unerklärbare Vorgänge im Gang – zunächst unerklärbare Veränderungen im Kern der Nuklear-Forschung zu suchen. Danach wird man nachvollziehen können, dass die neue Generation andere Baumaßnahmen planen und verwirklichen muss. Die Legate für die nächste Generation sind ausgeschöpft. Die Höhe des Meeresspiegels wird ein politisches Thema. Das Wasser wird als Gefahr neu eingeschätzt und die Städte müssen teilweise weichen.

Es ist wichtig, den Untergang nicht zu erwarten. Ansonsten wird man in Passivität versinken - und nicht reagieren können, wenn das Wasser steigt.

> Die Erde ist ein Planet, der
> nicht dem Untergang geweiht ist,
> sondern der Veränderung.

Konflikt mit Konsumverhalten

Die unter Führung der heutigen Zeitgenossen entstandenen Trends sind nichts im Vergleich mit der Strömungen, die noch auftauchen werden. Durch die Erhöhung der Schwingung und durch die Verschiebung der Erdmagnetfelder, wird sich auch einiges pulsierend und gebündelt durch die Gesellschaft verändern. Es wird eine Bewegung geben, die einerseits in den Medien geteilte Meinungen hervorrufen werden, aber auch andererseits durch die Gesetzgebung und aufgrund veränderten Verhaltens der Gesellschaft. Die Veränderungen auf gesetzlicher Ebene beruhen darauf, dass die Steuern für andere Zwecke eingesetzte werden, weil andere Bedürfnisse i.S. Verkehrsverhalten und Abfallbeseitigung nötig sind. Dies wiederum ergibt einen Aufstand von Verbündeten, die sich benachteiligt in ihrer Vision fühlen, nämlich die Landregionen zu unterstützen und nicht nur die städtischen Anliegen mittragen zu müssen. Ein landesweiter Boykott der Landregionen setzt auch den Tourismus auf die Probe und so erfährt das ganze Land eine Art von "Konsum-

Verbraucher-Bürgerkrieg-ähnlichen" Zustand. Dies ist nicht nur auf ein einziges Land bezogen, dies gilt als Kulturwelle, als politische Zeitepoche in ganz Europa. Die amerika-nischen Städte haben eher den Trend, sich für die Umweltverschmutzung stark zu machen und die Landwirtschaft rückt nicht in den Vordergrund, sondern die Industrie und Produktion von Schwermetall produzierenden Unternehmen.

Es geht darum, dass man erkennt, dass sich die Anliegen und Streitigkeiten im Grunde um ein und dasselbe Ziel drehen: Um die Schonung unseres Planeten und um das Konsumverhalten auf unserem Planeten und um die Verteilung der Konsumgüter.

Es ist schon eine lange Tradition, dass die westlichen Länder sich auf den Konsum eingestimmt haben und die Drittweltländer und die Ostblock-Länder ihr Nachsehen haben. Aber dies wird sich mit dieser neuen Zeitphase ändern. Es wird eine Machtverschiebung geben und die Produktionsländer, die nicht mehr im großen Stil wie früher an der Macht stehen können, werden eine andere Rangliste, eine andere Hackordnung errichten.

Was hat dies alles mit der göttlichen Licht-Quelle zu tun?

Es geht um Gerechtigkeit, um den Versuch, Frieden in allen Ländern herbeizuführen und in diesem Sinne kann Liebe nur das einzige Vermittlungselement sein.

Die Liebe für eine breite Schicht der Gesellschaft ist wie ein Beruhigungsmittel, wie eine geistige und seelische Nahrung, die die zänkischen Geister besänftigt.

Aber es ist eine Illusion, dass man sich darauf beruht, dies von jedem Einzelnen zu verlangen, diese Methode anzuwenden, um die weltpolitischen Probleme zu lösen. Wir zeigen nur den Bogen auf, den es gilt zu ziehen, als Vision und als politische und gesellschaftsverändernde Maßnahme. Es geht darum, dass sich jeder Einzelne schnellstmöglich mit dieser Form von Meditation und Herbeiführung von innerem Frieden beschäftigen sollte. Wie ein Lauffeuer, wie eine Welle von gleißendem Licht, könnte sich das göttliche Licht stärkend auf der Welt verbreiten. Frieden spendend und vermittelnd.

Die Vision gilt es zu beachten, damit die Umsetzung erfolgen kann.

In allem Anfang steckt die Kraft des Willens.

Das Produkt der Vollendung ist im Kollektiv zu suchen.

Humanität in der Katastrophe

23. Juli 2016

Die Güte eines jeden einzelnen Menschen ist gefragt, wenn eine Katastrophe zu bewältigen ist. Jeder Einzelne zählt, wenn es darum geht, sich um das Wohl der Gemeinschaft zu kümmern. Jeder Einzelne muss sich fragen, welche Leistung er dazu beitragen kann mit seinen Ressourcen, die ihm innerlich und auch materiell zur Verfügung stehen. Das Teilen und Zusammenrücken haben ihr Gutes, wenn die Katastrophe (die einem dazu zwingt, anders zu reagieren, als bisher) als Tatsache gegeben ist.

Der Mensch neigt zu egoistischem Verhalten, was ursprünglich ein Überlebenstrieb war, und ist inzwischen in allen Kulturkreisen der Zivilbevölkerung zu einem Akt des Wohlstand-Zelebrierens ausgeartet. Dieses Maß muss sich nun wieder einpendeln und das ist die positive Seite einer Katastrophe. Es schult die von Natur gegebenen Instinkte um und wendet sich dem

Human-Verhalten zu. Die Tierwelt kennt dies in einer sehr ähnlichen Art und Weise – in diesem Sinne ist es auch ein instinktives Verhalten, wenn die Solidarität unter den Menschen bei einer Katastrophe sofort aufflammt und eine Welle der Solidarität auslöst.

Es ist zu beobachten, dass sie schnell abebbt, wenn die Materialgüter verteilt sind und die Vor- und Nachteile wieder zu erkennen sind und spürbar werden.

Die ursprüngliche Nothelfer-Aktion der Naturvölker basierte darauf, dass man vor allem Wärme und Nahrung teilte. Die Hierarchie blieb bestehen, aber man hat sich wohlwollend gezeigt, auch wenn die Kräfteverhältnisse klar waren.

> Der Hungernde und Frierende war
> Gast und es war eine königliche
> Haltung, zu helfen.

Das Helfen ist in der momentanen Zeit als Last und als lästig abgestuft. Als Verliererstatus, wenn man sie überhaupt benötigt und hinter allem und jedem ist Missgunst und Argwohn verteilt. Sogar das Arm-sein wird zum Geschäft gemacht und die Helfers-Helfer sind nicht immer die Guten, sondern auch nur Trittbrettfahrer und sind Teil von einer sozialen Abwärtsspirale.

Die neue Gesinnung nach der Katastrophe wird sich in diesem Sinne positiv auf die Bevölkerung auswirken, weil man sich wieder mit mehr Menschlichkeit begegnet. Jeder ist erschüttert und vom Materialismus entwirrt worden. Die blanke Haut gerettet zu haben und das Bild von der Möglichkeit, es auch nicht mehr geschafft zu haben, sondern zu entkommen und doch wieder eine neue Chance erhalten zu haben – dieser Schrecken hat die Denkweise einer ganzen Bandbreite der Erdbevölkerung wie mit einem Magnet gelöscht und neu formatiert.

> Die neue Haltung dem Leben
> gegenüber wird sich in eine friedvolle
> und humanere Haltung verändern.

In diesem Sinne gilt es, den Mut und die Vision zu behalten, dass die schwierige Zeit, die vereinzelt die Erdbevölkerung erfassen wird – auch für das ganzheitliche Weltgeschehen, eine Umkehr bedeuten kann und die Schwingung, die Aggression und kriegerisches Verhalten gefördert hat, wie nach einem Aderlass, geläutert ist und sich mit aller Kraft entladen hat.

Die Zuversicht und den Glauben an das schlussendlich Gute und Friedvolle gilt es in den Jahren vor der Wende zu entwickeln. Jeder Einzelne sollte sich bewusst sein, dass der Druck steigt und die Form, diese Lebensform, einmal jäh geändert werden muss. Nicht in Leid und Schmerz, aber in einer Schnelligkeit und mit einer absoluten Entschlossenheit, das Überleben neu zu definieren und mit anderen Werten zu ermöglichen.

Die Welt wird näher zusammenrücken
und die Liebe für den Nächsten wird
das Überlebenselixier bedeuten.

Gerechte Ressourcen-Verteilung

2. August 2016

Die zur Verfügung stehende Energie überdauert unser Menschendasein. In dieser Hinsicht ist keine Angst zu entwickeln. Die Ressourcen sind reichlich vorhanden. Es gilt vielmehr den Fokus dahin-gehend zu richten, damit die Verteilung auf dem Planeten gerecht von sich geht. Es sind die meisten Völker einer Macht ausgesetzt, die ungerecht ist und sich auch nicht variabel ändern lässt. Diese Ungerechtigkeit auf dieser Erde ist oft der Fokus für kriegerische Streitigkeiten, aber es ist nicht neu, dass diese Spannungen auch zu futuristischen Erfindungen führen. Dieses Spannungsfeld in Politik und Welt-Frieden ist ein Opfer an die Menschheit. Die einen Völker sind am Darben und sterben dahin und die anderen wollen sich gütlich an ihren Schätzen in fremden Ländern tun, aber sie forcieren dafür den Fortschritt mit neuen Erfindungen und legitimieren dies mit der dezidiert geplanten Hilfeleistung in Dritt-

Weltländern. Es ist ein heikler Tanz zwischen Helfen und Lügen, zwischen Förderung und Ausbeutung.

Die gerechte Verteilung aller Güter ist nur dann möglich, wenn sich die politische Denkweise verändert. Wenn die Ländereien der Völker entsprechend anerkannt werden und nicht für politische Tricksereien und betrügerischen Manipulationen ausgeraubt werden. Die Anerkennung, dass jedes Land über eigene Schätze verfügt – egal in welcher politischen Position es sich befindet und mit welchen Abhängigkeiten – das ist der Schlüssel zu Weltfrieden.

Es ist wie in einer wirtschaftlichen Situation, wo man gegenseitig Verträge abschließt und Verantwortlichkeit teilt. Die Ressourcen müssen gegenseitig anerkannt werden, ob dies Erdöl, Wasser oder Uran oder andere Metalle und Verbrennungsmaterialien und Edelmetalle anbelangt. Und jedes Land ist sein eigener Schatzmeister. Diese Regel sollte befolgt werden und die fortschrittlicheren Entwicklungsstaaten sollten gefördert werden, damit sie immer mehr zu ebenbürtigen Handels- und Produktionsländern aufsteigen können.

Die Armut, die aufschreiende Armut und Ungerechtigkeit in Drittweltländern wird den Welt-frieden nebst den bereits bestehenden kriegerischen Völkerwanderungen sehr belasten. Die Welt kippt aus dem Gleichgewicht, wenn diese Verteilung nicht in eine andere Richtung und in eine andere Strömung von Förderung gelangt.

Die Förderungswelle soll sich aus Europa und den führenden Industriestaaten heraus entwickeln. Es soll aus humanitären Gedanken heraus gehandelt werden und die Einsicht erlangt werden, dass Win-Win zusammen mit den Edelstahlschätzen aller beteiligten Länder die nachhaltigste Umweltschutzmaßnahme beinhaltet. Dazu ist die Vision von göttlichem Frieden in jedem einzelnen Erdenbürger nötig. Die Aggression und die Ohnmacht über den instabilen Weltfrieden sollten diese Erkenntnisse zu Tage treten lassen.

Anders gesagt: Traget Sorge zur Mutter Erde und verteilt die Verantwortlichkeit und die Ressourcen um. Jedem wird gegeben, was er benötigt – um dann zu einem späteren Zeitpunkt aus dem heranwachsenden Produkt mit den Förderern zu teilen.

Fördern und belohnt werden.
Annehmen und bereit zum Teilen sein.

Das ist die Wende für den Weltfrieden.

Seid im Gehorsam eurer inneren
Stimme, wenn das Herz erfüllt ist
von der Kraft aus dem göttlichen
Universum.

Solidarität und Teilen

3. August 2016

Die günstigen Augenblicke im Weltgeschehen sind oft die Katastrophen. Dies klingt sehr makaber, meint jedoch die Zeit danach, weil die Katastrophe die Solidarität unter den Menschen zu Tage bringt. Sie wird gefördert, weil sich der Mensch in der Katastrophe erschüttert und die materialistischen Grundsätze zerbrechen, in sich zusammenfallen und das Seelenheil eines jeden Einzelnen im Vordergrund steht. Die materiellen Werte werden erschüttert und das Ego wird buchstäblich klein gemacht. Es zerbröckelt nachdem es alle Kraft ins Überleben gepusht hat und nach dem es realisiert hat, dass es überlebt hat, sackt es in sich zusammen. Diese paar Stunden oder Tage sind günstig, um den wahren Charakter eines jeden Einzelnen zu ergründen und die Vorteile zu nutzen. Die einen reagieren mit Apathie und haben so die Chance, dass man sich ihnen widmet, ohne dass sie andere überrollen und dominieren.

Andere treten aus ihrer Unterdrückung hervor und werden stark, weil sie nach dem Adrenalin-Stoß und der emotionalen Erschütterung geweckt wurden. Ungeahnte Kräfte machen sich bei ihnen einen breit, was wiederum wie ein Zahnrad greift mit denen, die in Apathie versinken.

So wirft sich die Gesellschaft neu auf und es werden Dynamiken entstehen, die auch politische Auswirkungen haben. Die Solidarität unter den Notleidenden zeigt auf, wie es eigentlich gehandhabt werden sollte, in friedlichen Zeiten. Man rückt näher und jeder hilft, wo er kann und wie er kann. Seinen eigenen Ressourcen entsprechend.

Die Teilung von Ressourcen ist das wichtigste Element in der Veränderung einer Gesellschaft. Die Unterdrückung von Armen und Schwächeren ist weltweit und seit Jahrhunderten das Übel dieser Menschheit. Die Teilung von Land und Ressourcen wäre das Mittel gegen Krieg und Unterdrückung. Die "Dämonen aus der

Unterwelt", wie sie simpel genannt werden können, haben jedoch auch ihre Berechtigung. So, wie es Dunkelheit und Licht gibt. So, wie es Kälte und Wärme gibt, Sommer und Winter, etc. ... Es ist das Prinzip dieses Planeten, dass sich die Gegensätze im Gleichgewicht zu halten haben. Aber dies ist genau der Punkt: Das Gleichgewicht ist schon längstens außer Kontrolle. Und es benötigt eine neue Strömung um in mentaler Weise, dieses Gleichgewicht wiederherzustellen. Die Blickwinkel jedes Einzelnen müssen justiert werden und die Optik auf das Teilen verstärkt werden.

> Das Teilen von Liebe und das Teilen von
> Leid und Schmerz ist ein politisches
> Mittel, um Frieden herzustellen und
> Kriege einzudämmen.

Die Flüchtlingswelle ist derzeit das beste Beispiel, um zu erkennen, wo es noch nicht praktiziert wird und dass genau dies, wie soeben beschrieben, die Lösung wäre. Würden sich nicht alle in Geiz und Angst versetzt fühlen, sondern mit allen Kräften das Teilen üben und die Ressourcen gerecht verteilen, dann könnte das Leid vermindert und die Kriege beendet werden.

So entstehen neue kriegerische Stimmungen – sogar in den friedlichen Ländern, die nicht von einem Krieg heim-gesucht werden. Es ist wie ein Lauffeuer, das sich verbreitet.

Die Liebe zum Mitmenschen und die Liebe zum eigenen Land sollte Vernunft herbeiführen. Teilen und die Angst durch den Glauben an das göttliche Universum – egal welche Religionen sich durch die Völkerwanderung mit transportiert – wäre die Lösung.

> Glaubet an das Gute und glaubet an die
> Vertreibung von Dämonen, dem
> Dunklen und dem Bösen, durch den
> Glauben an das Göttliche.

Die IS-Bewegung ist z.B. eine Ansammlung von dämonischer Kraft. Die Täuschung ist ein wirksames Mittel von dämonischer Gewalt. Der Glaube wird gut sichtbar gezeigt: wie eine Flagge auf dem Rumpf eines Schiffes ist er angebracht. Dahinter versteckt sich diese Gruppierung und quält. Die Entwaffnung dieser Bande wäre die Fokussierung auf die Liebe. Es mag absurd klingen, aber die Behandlung von kollektiver Liebe in diese besetzten Landesteile würde auch die kriegerischen Gegenangriffe unterstützen.

> Das Böse wird mit göttlicher Liebe
> vertrieben. Das Böse wird verglühen.

Diese Vision sollte verbreitet werden, so dass die friedliche Welt sich täglich im Kollektiv – jeder einzelne Bürger – für eine Zeit mit dieser Vision beschäftigt und allem Leid und allem Grauen, seine visualisierte göttliche Kraftquelle sendet. Wie ein Fokus, wie ein quirliger Strahl eines Prismas würde sich diese kriegerische Gegend auflösen.

Einfluss von Missgunst auf Arbeits- und Verkehrsmodelle

4. August 2016

Die Missgunst unter den Völkern ist ein Übel, das sich seit Menschengdenken ausbreitet und sich wie ein Virus in einem Bienenhaus auswirkt.

Die Flugsicherheit ist ein Thema, das sich aus einer gänzlich anderen Thematik auswirkt. Die Funktionen der einzelnen Sicherheitsmaßnahmen bestehen darin, dass man sich untereinander verlässlich absprechen sollte. Die Missgunst unter den Ländern führt jedoch dazu, dass die Reglemente beschönigt, angepasst – um nicht zu sagen – gefälscht werden, damit mittels Gebühren Profit gemacht werden kann und auch die Anziehungskraft, die Attraktivität für die Bevölkerung, für die Tausenden von Mitreisenden attraktiv erhalten bleibt.

Das Geld regiert in allen Bereichen und in der Mobilität wird für die kommenden Jahrzehnte besonders Geltung haben. Die Mobilität wird sich auch im technischen Bereich rasant verändern. Die ferngesteuerten Autos, d.h. die Roboter-Fahrzeuge, sind ein Teil davon. Die Unfallrate wird sich längerfristig senken und die Bevölkerung wird sich auch darauf einlassen, dass die Flugsicherheit nicht mehr gewährleistet ist und die Schnellzüge und die übergroßen Busbetriebe vermehrt in Einsatz und Gebrauch genommen werden. Die unterirdischen Fahrzeuge sind der "Renner", wenn man das so bezeichnen kann. Die unterirdische Verkehrskultur wir in den nächsten fünf Jahren thematisiert in Politik und in der Finanzierungswelt. Es geht darum, dass man die Bevölkerung auf diesen freien Raum sensibilisiert und neue Gelder gesprochen werden für die Förderung und Entwicklung von solchen unterirdischen Verkehrsnetzwerken.

Das verdichtete Bauen ist für die Wohnkultur automatisch gegeben und die Kulturgüter werden sich schwertun, um sich zu behaupten. Es wird eine neue Architektur entstehen, die viele Geister scheidet, aber infolge ökologischer Überlegungen sehr effizient und wirkungsvoll sind. Die Folge daraus ist eine abnehmende Verkehrsdichte, weil die Pendler vermehrt In-House arbeiten können und Home-Work betreiben. Die Firmen haben zudem Wohnungen im selben Haus eingerichtet und ihre Arbeitnehmer müssen keinen Arbeitsweg mehr auf sich nehmen. Die Vernetzung aller Medien ist eine weitere Maßnahme, sodass viele zu Hause arbeiten können, auch wenn sie weit weg von der Mutter-Firma wohnen. Die Schulen werden mit der Zeit ebenfalls einen Online-Dienst anbieten und die Kinder müssen keine weiten Umwege oder gar Umplatzierungen mehr in Kauf nehmen.

Die Berufstätigkeit der Frau ist eine Selbstverständlichkeit, weil durch die Home-Office-Variante, die Betreuung der Schulkinder mit einfacheren Schnittstellen bedürfnisgerechter gewährleistet ist.

Die Betreuung von Kleinkindern wird immer enger innerhalb der Firmen als selbstverständlich betrachtet und große Firmen bieten bei Stellenangeboten für Frauen automatisch Betreuungsplätze an.

Die Wirtschaft profitiert von diesen Maßnahmen. Weil die weibliche Energie in Denkprozessen und auch in der Ausführung von großem Nutzen ist. Die Durchmischung von der dominierenden Männerwelt ist innert zwei Jahrzehnten eine Folge von den neuen Maßnahmen und die Ausgeglichenheit dieser Energien verbindet die Wirtschaft mit der Gesellschaft versöhnlich zu einem neuen Kontext.

> Die gebündelte Kraft einer Gesellschaft
> wird Profit in der Wirtschaft abgeben.

Die Ursache für die Missgunst ist darin zu suchen, dass die einzelnen Menschen unter Komplexen leidend herangewachsen sind. Die Missgunst ist ein Mangel an Liebe zu sich, zu den Mitmenschen, zu den Personen in der Vergangenheit und auch ein Mangel an Vertrauen in die erlangten Fähigkeiten. Kontrolle ist ebenfalls ein Mangel an Liebe, weil es grundsätzlich an Vertrauen fehlt und wo kein Vertrauen ist, fehlt die Liebe.

Alles ist gestärkt durch Liebe.
Die Missgunst ist Indikator von mangelnder Liebe.

Anders gesagt: Die Wirtschaft benötigt Mitarbeitende, die sich vermehrt in der göttlichen Liebe aufhalten und sich nicht gegenseitig durch Missgunst sabotieren.

Training im göttlichen Licht, wäre die Lösung für den Zusammenhalt in der Firma und Bewirtschaftung der Work-Life-Balance.

Liebe aus dem göttlichen Licht wäre die Basis für eine gesunde Firmenkultur.

Teilen oder gemeinsamer Untergang

5. August 2016

Die Zukunft ist betörend durch viele zeitgeistliche und futuristische Veränderungen geprägt. Die Betörung liegt darin bzw. ist begründet durch Neu-Entdeckungen und Erleichterungen für den alltäglichen Gebrauch. Der Fortschritt in Medizin und Technik erleichtert der Mehrheit der zivilisierten Gesellschaft einiges. Gleichzeitig eröffnet es die Parade zur Verschwendung und auch die finanziellen Mittel werden vermehrt belastet, um den alltäglichen komfortablen Alltag als Usus geben zu bewältigen.

Anders gesagt: Der Standard erhört sich einerseits durch erstaunliche Bequemlichkeit, vermeintlich fortschrittlich, aber in der zweiten Reihe generiert diese neue Gesellschaft im Namen von Fortschritt Unmengen von Geld-auslagen und die Ressourcenbeschaffung bringt die Politik in arge Not. Die Beschaffung der Grundnahrungsmittel und die Wertstoffe für die technischen

Errungenschaften bringt die ganze Welt ins Rotieren. Die Globalisierung und die Völkerwanderung prallen wie zwei virale Grippen aufeinander. Die verheerenden Ausmaße in den Schwellenländern sind immens – und die kultivierte, begüterte und hoch technisierte Gesellschaft schaut zu.

Diese Ungerechtigkeit wird sich rächen, sobald Krankheiten ausbrechen, in diversen Landregionen durch die kriegerischen Aktivitäten und in jenen Landeszonen, die Flüchtlinge beherbergen müssen.

> Die virale Verbreitung im realen
> Sinne – nicht im fiktiven – lässt eine
> neue Solidarität aufkommen.

Wie in der Bibel die Heuschreckenplage – muss diese bedrohliche Krankheit ausbrechen, um die Genuss-Gesellschaft aufzurütteln. Das Teilen wird wieder in den Vordergrund kommen.

Entweder Leid teilen oder Wohlstand.
Es gibt keine andere Wahl.

Es nimmt eine Dimension an, die nicht mehr auf Lager-Zonen zu begrenzen ist. Wie eine Walze kommt die Bedrohung und es gibt nur das Eine: Solidarität zum Wohl von allen, ansonsten alle untergehen. Diese düstere Aussicht sollte jedoch nicht lähmen, sondern darin motivieren, frühzeitig die medizinische Forschung in Gang zu bringen und auch die politischen Maßnahmen für eine Ausnahmeregelung vorzubereiten.

Das Teilen ist eine Weltmacht geworden. Diese Rubrik ist nicht mehr auszusparen. Es liegt auf der Hand, dass die Völker zusammenwachsen, mit ihren Religionen und mit all ihren Konflikten. Die kriegerischen Lösungsansätze sind lediglich ein Narkotikum mit kurzfristiger Wirkung.

Nachhaltig und effizient wird nur
das Teilen von Land und Gut sowie
von Gedankengut und Kultur sein.

Um diese Bereitschaft entwickeln zu können, sollte der Erdenbürger sich in der Liebe stärken lassen. Es sollte auch in dieser Situation die Liebe zur Umwelt und zum Mitmenschen im Vordergrund stehen. So gilt auch hier die Übung von der Stärkung im göttlichen Licht als Vorbereitung und Training für schwierige Zeiten. So, wie früher nur die Religion galt und diente, im Gebet und mit Gehorsamsregeln, das Leben zu meistern. So kann die Verbreitung dieser Technik, nämlich das göttliche Licht als Kraft-Quelle zu benutzen, ganze Völker unterstützen. Wie eine Rückwärtsbewegung gegen die Probleme kann diese neue Welle von Bewusstsein die Erdenbürger und ihre Umwelt beschützen und stärken.

Liebe dient dem Schutz von Mensch und Planet. Glaubet und vertrauet!"

Fürsorge als neuer Maßstab

9. August 2016

Die Fürsorglichkeit unter den Menschen ist ein Thema, das bislang nur in sehr minimen Ausmaß erkannt wird. Es handelt sich meistens um die Definition innerhalb der Familie und unter Freunden. Aber die Fürsorglichkeit als Ganzes, als gesellschaftliches Thema, das ist ein Tabu. Es wird sogar als politisches No-Go betrachtet, dass man andere ja nicht zu kuschelig behandelt. Der "Kuschel-Gang" wird belächelt und verpönt. Aber es geht im Grunde darum, dass wenn man sich als Gesellschaft besser auf die Fürsorge konzentriert, auch die Probleme mit der Armut und mit den schwelenden Konflikten besser gewahr wird. Dann könnte man die nützlicheren Maßnahmen ergreifen und die Gesellschaft besser in den Fokus von harmonischem Beisammensein bringen. Die wirtschaftliche und gesellschaftliche Schere bezüglich Status und Wohlergehen ist bekanntlich kräftig am Auseinanderklaffen. Deshalb muss man sich nicht wundern, wenn die Konflikte in der unteren

Schicht der Bevölkerung aufplatzen. Die inneren Konflikte jedes einzelnen schwelen so sehr vor sich hin, so dass die rechtsradikalen Ansichten und Parolen gute Nahrung sind. Sie bekräftigen jeden Einzelnen, der sich vernachlässigt und betrogen fühlt von denen, die einfach nur für sich schauen und auch noch vorgeben, sie würden zum Wohl der Gesellschaft handeln. Dieser Missmut und diese Missgunst, weil es diesen Menschen besser geht als ihnen, sind brandgefährlich. Wie eine Zeitbombe tickt dieser Konflikt und dieses Gedankengut.

Die politische Ebene dieser vernachlässigten Fürsorglichkeit ist dahingehend wichtig, als dass man sich dessen bewusst werden muss und die Sprache im Umgang und man somit später auch die Einleitung von Maßnahmen berücksichtigen müsste. Die humanitäre Haltung gegenüber Benachteiligten und minderbemittelten Völkern ist eine politische Angelegenheit. Die Asylpolitik und auch die Sozialarbeit, dies alles ist in gänzlich anderem Licht zu sehen. Die Fürsorge ist schlussendlich ein Akt des eigenen Schutzes, wenn man nicht verantworten will, dass sich die Minderbemittelten und Benachteiligten gegen die "höhere" Gesellschaft erheben wird. Es ist in diesem Sinne Präventions-Politik, wenn man zusieht, dass die Kapitalschere sich nicht noch mehr öffnet.

Die Verteilung von Bildung und Güter ist für den gesellschaftlichen Frieden immens wichtig. Man kann nun behaupten, dass man die minder bemittelten und niedrig geschulten Bevölkerungsschichten nicht zwingen kann, sich mehr zu engagieren und sich mehr für Bildung und Arbeit einzusetzen. Diese Vorurteile sind genau das Übel der bestehenden Problematik. "Dumm und arm", das ist doch das landläufige Dilemma unserer Vorurteile. Es trifft oft zu, aber man schaut weg, warum dem so ist!

Dummheit lässt einem blind und abgestumpft werden. Bildung andererseits kann auch zu Uferlosigkeit und Arroganz führen. Das Mittelmaß ist die Lösung.

Jeder Bürger soll die Möglichkeit haben, die Berufswahl als Pflicht, aber auch als Privileg zu betrachten. Die Loslösung von Klischees ist besonders wichtig und die Vorverurteilung, wer nicht im Stande ist, sich in welchen beruflichen Belangen zu engagieren.

Die Volksschulen müssen sich darauf vorbereiten, dass die heutigen und die zukünftigen Kinder sich auf die Berufswahl absolut anders verhalten und vorbereiten wollen. Sie wollen aufgrund ihrer eigenen Werte und Anschauungen, die Berufswahl durchlaufen. Es sind nicht die Werte der Eltern und die Werte der derzeit führenden Gesellschaft. Sie wollen eine Arbeit, die mit "Work-Balance" und Umweltverträglichkeit überein- stimmt. Sie wollen eine Arbeit ausführen, die sich wie einem Zahnrad ergänzt und sich nicht gegenseitig in Konkurrenzdenken blockiert.

Derzeit ist dies ein Modell, das sich träumerisch und nicht praktizierbar darstellt. Aber in einigen Jahrzehn- ten wird sich das Zusammenrücken und der Schutz von

Mensch und Umwelt so sehr durchgesetzt haben, sodass auch die Wirtschaft nicht anders kann, als auf diese Werte zu setzen.

Diejenigen Menschen, mit den höchsten Sozialkompetenzen werden die Spitze der beruflichen Gesellschaft ausmachen. Nicht das Studium, sondern die praktizierbaren Erkenntnisse werden ihre Karriere bestätigen und beeinflussen.

Es werden Test entwickelt, die die Spitze an der Berufsfront eruieren wird. Es wird die Führungsqualität und die Eingliederung in Themen ausgearbeitet, sodass jeder Mitarbeiter seinen besten Ressourcen entsprechend eingesetzt wird. Es geht nicht mehr an, dass hohe Ausbildungen mit absolut fehlenden Sozialkompetenzen ganze Heerscharen von fehlgeleiteten Managern und leidenden Mitarbeitern die Gesellschaft negativ beeinflusst.

Die Werbung und der Konsum werden sich entsprechend verändern und die kollektive Manipulation wird sich leerlaufen. Die neue Generation und die übernächste Generation werden sich in telepathischer Verständigung bestens auskennen und deshalb wird es sich einschleichen, dass sich die Lügner und die Abzocker mit der Zeit in ein anderes Lager verdrücken müssen. Die Ideale zu einer besser funktionierenden Gesellschaft, in der Fürsorge und Optimierung von Ressourcen die höchsten Werte entsprechen, wird sich durchsetzen.

Die Fürsorge ist ein Kapital, nicht eine Phantasterei.

Höret und bedenkt das Potenzial dieser Vision.

Veränderte Kriegsführung – neue Kriegstechnologie

20. August 2016

Die Fürsorge hat Grenzen und die muss erkannt werden. Wenn es um kriegerische Situationen geht, gilt es Prioritäten zu setzen. Da muss man sich einfügen und kann nicht mittels unzimperlichen Methoden einhergehen. Es muss eine Art Konkurrenzdenken zwischen den Streitmächten berücksichtigt werden und daher gilt es, die Energie anzupassen und die Schwingung vom Gegner aufzunehmen. Die Fürsorge gilt vor und nach der Zeit eines Kampfes bzw. eines politischen Konflikts, der explodiert und Ausschreitungen hervorruft, angewendet zu werden. Die Fürsorge ist ein Werkzeug bzw. ein Mittel, um die Gemüter zu pflegen und zu besänftigen. Die richtige Verhaltensweise inmitten eines Aufbrechens von Konflikten, die aggressiv und kämpferisch sind, das muss eindeutig der fokussierte Blick auf das Wesentliche sein.

"Schlanke Aktion und breite Abdeckung von Prävention" – das ist die Regel. Man muss sich sofort und effektiv wehren, um dann die breite Bevölkerung vor weiteren Angriffen zu beschützen.

Die Kommunikation ist daher von großer Bedeutung. Die Kanäle über alle Medien sind zu nutzen und die Telepathie wird bis zu diesem Zeitpunkt ebenfalls einen wesentlichen Teil dazu beitragen, die Bereitschaft einer Bevölkerung effizient zu mobilisieren. Diese Prävention und Bereitschaftsverhalten wird viel Leid verhindern. Die göttliche Kraft wird seinen Teil dazu beitragen, weil die Menschen fokussiert und im Wissen sind, dass es in der Verteidigungskunst eine gewisse Humanität benötigt. Anders gesagt: Die kriegerischen Handlungen sind nur auf das Allernötigste zu beschränken. Nur zum Schutz in akuten Situationen und nicht präventiv und breit ausgelegt zerstörerisch. Es geht um die Kunst des effektivsten Verteidigungskampfes. Messerschaff angesetzt in einer schlanken Zone, sodass nur die allernötigsten Opfer zu beklagen sind. Die Laser-Technik wird seinen Fortschritt dahingehend dazu beitragen, sodass die Menschen, die getötet oder verletzt werden müssen, aus sehr kurzer Distanz und in sehr "effektiver" Art aus dem Leben gerissen werden. Es sind keine leidvollen Sterbeprozesse und keine breiten Zerstörungs-wellen zu befürchten. Die Leader an den Waffen werden ausgeschaltet und die Bevölkerung wird nicht miterfasst.

Diese Technik macht die kriegerischen Tätigkeiten auf dem Planeten weniger leidvoll, aber dafür gefährlicher für jeden einzelnen Militaristen. Dies wiederum hat den Effekt, dass die kriegerischen Strategien nur noch in großer Not entwickelt werden. Die machtvolle Politik getraut sich nicht mehr, aus industriellen Überlegungen für die Wirtschaft und rein präventiv auf Eroberungskrieg loszumarschieren. Die neu entwickelte Laser-Zerstörung ist eine Verbrennungsmaschine von sehr kostspieligen Waffen. Es zerstört wenig Bevölkerung, aber dafür ausnahmslos das kriegerische Gerät und das ausführende Militärkorps.

In diesem Sinne ist die neue Laser-Waffe eine verkleinerte Atombombe. Jedoch für die Umwelt nicht gefährlich, aber tödlich für die Finanzen eines kriegerisch aktiven Volkes. Das Risiko auf materielle und somit finanzielle Verluste ist enorm.

Die Verarmung der Bevölkerung soll verhindert werden und deshalb schwinden die kriegerischen Aktivitäten aufgrund der finanziellen Belastung und der hohen Treffsicherheit von den neuen Laserwaffen.

Gigant hält Gigant in Schach.

Das ist die neue Devise. Der Verlust ist ansonsten verheerend. So gesehen wird die neue Kriegstechnologie eher Kriege verhindern, als sie ausbrechen und wüten zu lassen.

Die "Atombombe im Berg" kommt der neuen Laserwaffe ähnlich. Das Wissen, dass sie jederzeit aktiviert werden könnte, genügt, um Frieden zu zementieren.

Die friedlichen Aktivitäten der Gesellschaft werden die Absichten auf kriegerische Aktivitäten zudem positiv pflegen und die tiefere Schwingung auf Erden (durch die kollektive Anrufung der göttlichen Kraft) wird die Aggression besänftigen.

Atomarer Müll und sensitive Forschung

11. August 2016

Die Sühne für alles, was in den letzten Generationen an umwelttechnischen und wirtschaftlichen Sünden verursacht wurde, kann gar nicht in einer Generation abgetragen werden. Es geht darum, dass sich die vereinten Nationen auf das Aufräumen besinnen und sich Gedanken machen über die präventive und über die effektive Verhinderung von Umweltsünden. Die Abkürzung aller technischen Verfahren bringt nur in diesem Sinne eine Reduktion der Schadstoffe und eine verkürzte Zeitspanne, als dass man sich auf eine Reinigung der Meere und eine neue Methode der Versenkung von Uran-Abfällen konzentriert und einigt. Diese neuen Methoden sind revolutionär und können der Welt viel Leid ersparen. Die neuen Forschungen haben gezeigt, dass man durch eine erweiterte Zellteilung von Atomen die entgegengesetzte Wirkung verursachen kann. Eine Implementierung sozusagen von Atomen kann die rückwirkende Spaltung von

Atomen in eine ursachenfreie Versenkung bewirken. Die Cem-Forschung wird diese Resultate hervorbringen.

Und in diesem Sinne ist es eine Entlastung, wenn die Revolution gegen die Versenkung von atomaren Abfällen vorangetrieben wird, weil die Bevölkerung so die Forschung zwingt, vorwärts zu machen und eine Lösung zu finden. Die Revolution auf allen Ebenen, was Umweltangelegenheiten anbelangt, ist ein gutes Ereignis. Es ist kein kriegerisches Unterfangen, es ist eine Notwehr von Bürgern, die für ihre Kinder eine Welt verantworten wollen, damit es sich lohnt überhaupt noch Kinder in die Welt zu stellen. Die Verursachung von Müll aller Art ist ein Welt-Problem und muss im Kollektiv angegangen werden. Es wird Forscher hervorbringen, die mit medialer Sicht und einer im Anschluss an die göttliche Kraft verursachten Visionen die neue Forschung hervorbringen werden. Die Forschung wird revolutioniert, weil sie in medialer Vision geführt wird. Die Menschheit an sich stößt an wissenschaftliche Grenzen und es benötigt neue Visionen, neue Impulse dazu und gänzlich neue Formeln, um das Naturgesetz zu optimieren. Die Welt ist aus den Fugen geraten und deshalb greifen die Formel von Physik und Mikrobiologie, etc. nicht mehr aus, um die Weltprobleme zu lösen. Es benötigt neue Erkenntnisse gemäß der angepassten Magnetfeld-Konstellation und in Verbindung mit dem Sonnensystem verbundenen Verschiebungen. Die NASA wird immer mehr offiziell eingebunden sein in die Entwicklung von neuen Berechnungen und entsprechenden Forschungstechniken. Die Medialität wird als gegebenes Werkzeug für Prävention und Erzeugung von konkreten Maßnahmen integriert werden. Mediale Menschen, die mittels ihrer Sensitivität die neuen Formeln und Forschungserkenntnisse ermitteln, werden die Spitze der elitären Forschungskreise besiedeln.

Die Vision von revolutionärer Umkehrung im Umweltbereich ist die Wende für viele kommende Generationen.

Bleibt im Vertrauen an die göttliche Kraft. Sie ist die Kommunikationslinie für neue Erkenntnisse in Forschung und wissenschaftlichem Durchbruch.

Gehet in Frieden und bedenkt, dass die Gezeiten täglich erneuert werden.

Diesseits, Jenseits und galaktische Herkunft

12. August 2016

Die Herkunft vieler Erdenbürger basiert auf der Meinung, dass man sich bereits aus früheren Leben kennt. Aber das ist nicht grundlegend so und auch nicht als Voraussetzung, um sich gut oder schlecht zu verständigen im jetzigen Erdendasein. Die meisten kommen aus dem Jenseits, aus einer Art göttlichen Welt. Es gibt jedoch auch andere Erdenbürger, die aus galaktischen Sternen-Welten herkommen. Diese Unterschiede sind gültig für die neue Veränderung der Schwingung. Es ist nicht so, dass die einen Menschen mit einem galaktischen Hintergrund besser oder schlechter sind. Sie sind anders und funktionieren in ihrer Seelenarbeit, in ihrem Verständnis für Intuition und für telepathische Kommunikation anders. Aber dies ist nötig, um eine neue Umgangsform auf Erden aufzubauen. Die irdischen Menschen haben ein tief ver- wurzeltes Verständnis für Vorfahren. Die Ahnengalerie prägt diese auch im Geist, nicht nur im Unterbewusstsein auf Seelenebene. Die galaktischen Menschen haben jedoch gänzlich andere Informationen im Unterbewusstsein gespeichert. Sie haben eine Verbindung zu ihren Seelenfamilien, die in einem enormen Zeitspeicher hinterlegt sind und die das menschliche Bewusstsein absolut überfordert.

Es geht hier lediglich darum aufzuzeigen, dass es junge Menschen auf diesem Planeten gibt, die eine andere Umgangsform pflegen und eine andere Vision von Zusammenleben haben, als die Generationen davor. Diese Auf-Mischung von einer Art "neuen Sorte" Mensch benötigt es, um den Durchbruch in vielen Bereichen zu vollziehen. Das rebellische Element, das keine Furcht vor Veränderung und Schranken aufweist, wird die positive Wende und zur Rettung der Mutter Erde herbeiführen. Die "Sternen-Kinder", wie sie auch genannt werden, brauchen diese Ablösung der Vorfahren, damit sie nicht in Traditionen angebunden sind und so frei und furchtlos handeln können.

Diese neue Wahrnehmung und der direkte Umgang in der Reaktion mit Lügen und Machenschaften ist ein sehr tragendes Element für die politische Wende und auch für die Veränderung in Gesellschaft und Umwelt.

Die Verbindung zu den galaktischen Seelenverbänden hat absolut nichts mit dem Begriff «Außerirdische» zu tun. Dies ist ein wichtiger Hinweis. Die "Außerirdischen" sind in keinem Sinne zu verbinden mit dem Menschendasein.

Die Dunkelheit und die Außerirdischen sind auch nicht in diesem Zusammenhang in Verbindung zu bringen. Die Menschheit macht immer noch den Fehler, dass sie sich als führende Einheit im Universum betrachtet. Das wäre so, als würde eine Ameise den Anspruch haben, den Urwald zu beherrschen. Dies sei so angeführt und so stehen gelassen.

ABER:

Die göttliche Kraft verbindet alle
Erdenbürger, egal welchen
Seelenursprungs sie entstammen.

Dies die heutige Botschaft.

Energieerzeugung für verdichtete Bevölkerung

17. August 2016

Die Ergänzung der neuen Wertvorstellungen beruhen darin, dass sich die meisten Erdenbürger mehr Gedanken über das Konsumverhalten machen und die Zusammenhänge besser erkennen und auch berücksichtigen, was im Voraus zu handhaben ist und welche Konsequenzen ein Fehlverhalten hat.

Das Bewusstsein wird um einiges gesteigert, sobald die Mehrheit der Bevölkerung einer Stadt die Meditation sich einverleibt. Die Einnahme der "göttlichen Lichtquelle" wird die Menschen besänftigen und stärken und sie werden mit leichten Gedanken und mit leichter Einstellung an die Veränderungen herangehen.

Die Bevölkerung einer Großstadt wird sich friedlicher in politischen Auseinandersetzungen verhalten und die Gemeinschaftswerke werden es besser ausdrücken können, welche Geschäftspläne sie künftig vorlegen und die Planung umsetzen.

Die Politik wird sich als öffentliche Hand verstärkt dafür einsetzen, dass die Gesellschaft von Kindsbein an mit eingebunden wird in der Bestimmung, aber auch in der Verantwortung. Das Verursacherprinzip wird geschult von klein auf und die Verantwortung in diesem Sinne gefördert und antrainiert.

"Littering", wie es heute üblich ist, wird es nicht mehr geben, weil es allgemein verpönt ist - so, wie heute jedermann die Toilette benutzt – ist die Beseitigung von Abfall und die Verhinderung nach bestmöglichem Gutdünken und Wissen, normal und selbstverständlich.

Die Sittenpolizei der Natur ist sozusagen in den eigenen Reihen zu finden. Jeder beobachtet jeden und es gilt eine Art gesellschaftliche Beobachtung, ob man sich an die Regeln hält, oder ob man die Natur und die Bevölkerung nicht genügend respektiert und sich somit selbst ausgrenzt.

Die Dichte der Bevölkerung in einer Stadt wächst so horrend an, sodass die Fehltritte sich nicht mehr verbreiten dürfen. Die Dichte ist derart breit in der Stadtfläche angesiedelt, sodass eine Verdichtung kaum mehr möglich ist. Abfallansammlungen sind unterirdisch angelegt und die Gewässer sind in einer aufwendigen Bauphase in die dritte Schicht unter Boden geführt worden. Der Verkehr und die Abfallbeseitigung unterliegen der ersten und zweiten Schicht. Im Schutze der Gesteine sind die Wasserreservoire angesiedelt. Ein aufwendiges Pipeline-System wird die Absicherung von sauberem Wasser gewährleisten. Die Vernetzung ist kompliziert, aber mit neuen Materialien gesichert. Die atomaren Abfälle haben diese Technik hervorgerufen. Die Beseitigung und Aufbewahrung haben diese Erfindung von Rohr-System zufällig hervorgebracht

"Littering" ist nur eine verpönte Angelegenheit. Die Verursachung von Abgasen ist jedoch die geachtetste Verhaltensweise. Die Strombezüger und die Sonnenenergiebezüger sind weit verbreitet und die Wasserkraft-Energie wird sich vermehrt im Kleinen spezialisieren, aber nicht den Durchbruch erreichen, den man sich erhofft. Die komplexen Verarbeitungen und die Speicher-probleme werden als zu träge und als zu kompliziert erachtet.

Die Windkraft ist nebst der Sonnenenergie die tragende Energiequelle und die Bemühungen, die Landschaft durch diese Umbauten zu beschützen, geraten in den Hintergrund. Der Vogelschutz erlahmt und die Welle von Protest ebenfalls.

Der Wind und die Sonne sind die neuzeitlichen Energiequellen, weil sie keine Abfälle generieren und durch die Sonneneruptionen an Potenzial gewinnen. Die Sonne geht nie unter und die Winde erleben für die Industrie einen Aufwind – im wahrsten Sinne des Wortes.

Mit Leichtigkeit erholt sich dieser Industriezweig, weil die Entwicklungskosten minimiert werden können. Durch die Erhöhung von Produktionskapazität - und dies in großem Maß auf verschiedene Länder als Einheit ausgebreitet - entstehen immer weniger Kosten. Ein Einheits-produkt wird sich auf dem Markt durchsetzen.

Die Windkraft ist der Leistungsträger im mittleren Westen. Die Sonnenenergie verbreitet sich allgemein. Die Produktion der Batterien wird eine revolutionäre Produktionsweise erfahren. Die Dimension von viel kleineren Produkten ist jetzt noch nicht absehbar. Aber die Flächen werden kleiner, aber effektiver für die Aufbereitung.

Die Technik schlummert und plötzlich kommt der Durch-bruch. Aus der Quelle einer Kriegs-Erfindungs-maschinerie wird es als Nebenprodukt entdeckt.

Die neue Batterie wird die Sonnenenergie revolutionieren.

Seid auf der Hut vor Übertreibungen. Das Maß aller Dinge ist die Gewinnung von Kraft aus der Natur und die Verschwendung ist ein staatliches Verbrechen, das geahndet wird.

Die Kraft dieser Erde gehört allen Erdenbürgern!

Energiewende und Gesinnungswandel

17. August 2016

Die Erwirkung von neuen Maßnahmen wird in der Bevölkerung zuerst auf Unverständnis stoßen. Danach wird es sich einlenken und es wird kein großes Lamentieren mehr geben. Die Verzögerung der Energiewende hat sein Gutes; man kann sich mental und politisch für die Neuerungen vorbereiten. Es wird zudem eingesehen, dass es unbedingt notwendig ist, egal was es an finanziellen Mitteln kostet, die Energiewende umzusetzen. Die atomaren Quellen sind begrenzt und die politischen Spannungen um die Herstellung und Gewinnung von Uran sind sowieso eklatant. So, dass man sich unbedingt gewiss sein muss, die verschiedenen Unterteilungen in diversen Ländern geregelt zu haben, bevor die alten Kernkraftwerke ihre Dienste nicht mehr bringen können und die Kosten für deren Abbau nicht budgetiert wären und die Gesellschaft in amokartigen Tumult ausarten würde.

Die Gemüter werden aufgeheizt, weil die einen bereits in vollem Bewusstsein erkennen, dass die Wende schon früher hätte herbeigeführt werden sollen. Die Trägheit und die Inakzeptanz der Freistellung von Finanzen hat vieles verzögert und schon fast in bürgerkriegsähnlicher Haltung die Anfeindungen zwischen den beiden Lagern generiert. Aber diese Turbulenzen und Spannungen haben ihr Gutes, so dass die Absolutheit, die Notwendigkeit und die Sinnhaftigkeit in der breiten Bevölkerung angekommen sind.

Die göttliche Kraft spielt auch in dieser Angelegenheit und in diese Beziehungen hinein, weil die ersten Gegner von der Beibehaltung der alten Kernkraftwerke durch die Behandlung der göttlichen Kraft ihr Bewusstsein erweitert erhalten haben und demzufolge auch die Vision von der Energiewende bildhaft in sich getragen haben. Die bildhafte Vision ist immer ein Indiz dafür, dass der Geist sich mit dem göttlichen Universum verlinken konnte und die geistigen Wellen im irdischen Leben umgesetzt werden können.

Die göttliche Kraft wird im irdischen Handeln eingespeist, als wäre es eine Verabreichung von stärkender Medizin.

Die Denkweise und die Handlungskraft werden beeinflusst durch Vertrauen und Liebe und somit durch Weisheit. Vertrauen und Liebe ergeben Tatkraft und erzeugen Lösungen, die die Gegner "sanft" ausschalten.

Die kriegerischen Handlungen können somit verringert und gemildert werden. Die Gegensätze von unterschiedlichen Haltungen und Forderungen werden durch die zivilisierte Geisteshaltung – im Sinne von gutem Ansinnen – schlussendlich konstruktiv beeinflusst, um für alle eine beste Lösung zu erwirken.

Die Allgemeinheit profitiert von dem Gesinnungswandel während innenpolitischen Konflikten. Alte Fehden können beigelegt werden, indem man die göttliche Kraft anruft und sie wie eine beruhigende Medizin vor ernsthaften Gesprächsverhandlungen kontaktiert.

Friede seid mit Euch und gehet in Frieden – und in Vernunft und großem Tatendrang in eure Zukunft, die IHR verändern und gestalten könnt.

Seid euch dessen bewusst:

Die Zukunft ist formbar. Je mehr Frieden, umso mehr Kraft wird eingespeist.

Der Weltfrieden wird überlagert von göttlicher Liebe und vermehrt schwelen die Kriege lediglich, als dass sie ausbrechen.

Lebensmittelknappheit betrifft alle Erdenbürger

19. August 2016

Die Erzeugnisse der natürlichen Bewirtschaftung werden sich in den nächsten Jahrzehnten verändern. Die Beschaffung von Nahrung für die Bevölkerung ist eine nationale Angelegenheit, die im Grund durch die Vernetzung der Globalisierung nur eine Illusion ist. Die Tatsache beruht drauf, dass die Welt als Ganzes betrachtet werden muss – Politik, Macht und Umwelteinflüsse hin oder her. Die Dürre im Sudan zum Beispiel geht alle etwas an. Nur weil der Fokus auf das Gefrierfach und das gefüllte Regal in Amerika dies verhindert, heißt noch lange nicht, dass es auch einen Norweger und einen Asiaten nichts angeht.

Die Bevölkerung muss zusammen gegen die Naturkatastrophen und gegen die Hungersnot vorgehen. Diese Einsicht wird erst einkehren, wenn die ersten Hungersnöte auch in die gesättigten Landesregionen hereinbrechen. Es werden nur vereinzelte Produkte fehlen, aber sie werden dennoch Fehlverhalten der Bevölkerung signalisieren. Die liebsten Nahrungsmittel werden rar und das wird einen Aufschrei in der Bevölkerung bewirken. Die politischen Mittel reichen nicht dazu aus, sich anderswo zu organisieren. Dieser Knappheit und Verteuerung werden viele dazu bringen, endlich hinzusehen, wo der wunde Punkt des Problems tatsächlich liegt.

Die Drittweltländer müssen gefördert werden. Nutzbringend und selbstlos zugleich. Nur dies kann zu einem Kreislauf führen, der die Gezeiten und die natürlichen Schätze wieder ins Lot bringen.

Die Dürre im Sudan – als ein Beispiel - hat sehr viel mit der Umweltbelastung zu tun. Die Völkerwanderung und die Wasserknappheit haben entsprechend Einfluss auf die politischen Umstände. Die politischen Umstände heizen kriegerische Handlungen auf, die wiederum verhindert die Förderung von Wirtschaft und Landwirtschaft. Die Völkerwanderungswalze wird angetrieben. Das ist alles.

Anders gesagt:
Der Weltfrieden beginnt mit Umweltschutz.

Dies zu verbreiten ist uns ein großes Anliegen, damit auf Erden der Friede vermehrt gestärkt und die Natur vermehrt gefördert und wieder in Takt gebracht werden kann.

Die Habgier ist der Ursprung allen Übels und die Vernachlässigung von Geist und Seele veranlasst den Menschen, grob und fahrlässig mit der Mutter Erde und seinen Mitmenschen umzugehen. Das göttliche Licht, die Liebe aus dem göttlichen Universum, würde die Menschen besänftigen und sie wieder achtsamer und dankbarer werden lassen. Die Liebe auf das Detail und die Liebe zu sich selbst wäre die Medizin für vieles. Die Liebe und die Achtsamkeit sind das Rezept, das sich zumindest in der zivilisierten Bevölkerung und in der jetzigen Zeit viele wieder zu eigenen machen könnten.

Wie ein Lauffeuer würde es sich ausbreiten, weil die Menschen sich gegenseitig beobachten und wissen möchten, warum ihr Nachbar oder ihr Freund so offensichtlich besser drauf ist und es leichter im Leben hat. Die "Mission Liebe durch das göttliche Licht" würde sich auf natürliche Weise und auf unproblematische Art verbreiten. Kein Missionarsdruck, bloß Einführung und Motivation.

> Die Mission "Quelle der Liebe" sollte sich
> verbreiten; auf unaufhaltbare, aber
> unspektakuläre und loyale Art.

Jeder kann tun und lassen, was er will – aber seinen Entscheid, wieder Liebe und innere Freiheit ins Leben zu lassen, wird ihm leicht gemacht in dem er zusehen kann, wie andere in seinem Umfeld erhellen und ihr Leben besser meistern.

> Gehet in Frieden und verbreitet ihn in
> der Umwelt – den Nachfahren zu liebe.

Drohende Zerstörung des natürlichen Kreislaufes – Umdenken durch Volksrevolte

22. August 2016

Die meisten unserer Erdenbürger sind sich gewiss, dass sie ein gutes und ein sattes Leben führen und alles überleben dürfen, was derzeit als schwierig und schlimm definiert wird. Die Seiten eines Krieges sind lediglich in öffentlichen Medien zu erfahren – aber nicht im wirklichen Leben. Dies mag sein und ist ein positives Erscheinungsbild, wenn man sich das so für sich selbstvergegenwärtigt: Die Katastrophe und das schlimme Unheil sind für andere "bestimmt", aber nicht für einen selbst. Und die Krisen und Katastrophen finden nicht im wirklichen Leben statt, sondern in den Medien und in "der anderen Welt", weit von sich entfernt.

Diese Haltung macht es so sehr gefährlich, so dass die Welt schweigt, gegenüber den unsäglichen Leiden und Ungerechtigkeiten in anderen Bereichen der Welt und es geschieht jeden Tag und jede Sekunde, dieses Leid und diese unsägliche Ungerechtigkeit. Unschuldige werden gefoltert, vertrieben und getötet – und dies im Namen der sogenannten Gerechtigkeit und der Obrigkeit von Staat und sogar im Einvernehmen von sogenannten "Gottes-Vätern", Delegierte der "göttlichen Stabstelle", direkt verbunden mit z.B. dem islamistischen oder einem anderen "göttlichen Vertreter" in Person.

Dieser Irrsinn wird nie enden, sofern man sich nicht vergegenwärtigt, dass die göttliche Kraft eins ist. Keine Nation und kein Orden und auch kein einziger Mensch – egal, wie hoch seine Hierarchie im Kirchenstaat sein mag – darf sich über andere Menschen stellen. Nur, weil er auf dem Papier, in seinem Kopf und im Munde des Volkes privilegiert ist und sich dem Göttlichen näher fühlen darf, als andere.

Die Führungskraft liegt in jedem
einzelnen Menschen.

Sie liegt in jedem einzelnen Menschen, der daran glaubt, dass er einen Funken von göttlichem Segen und von der göttlichen Kraft in sich trägt. Und, dass auch er dazu berufen ist, das Göttliche auf Erden zu verbreiten. Wie ein Samen, der einmal auf einer Pflanze wächst und später Früchte tragen soll. Dies ist die Aufgabe jedes einzelnen Menschen auf Erden.

Nämlich, diesen Samen in sich zum Sprühen und Erblühen zu bringen und besorgt zu sein, dass dereinst einmal Früchte zu ernten sind. Dies in einer gewissen Haltung, die das Göttliche wiederspiegelt: die Achtung zu anderen Lebewesen und die Dankbarkeit, dass dieser Planet funktionieren wird und auch genügend Ressourcen für alle besorgen würde – wenn sich der Mensch an die Grundregeln von Respekt und Sorgsamkeit halten würde!

Die Toxine in der Landwirtschaft, in der Agrarpolitik und im Nahrungshandel – dies alles würde sich verändern. Wenn man den Kreislauf der Natur besser und achtsam erkennen würde, dann wäre vieles ab sofort verboten. Die Toxine in der Nahrungsbeschaffung ist ein ätzendes und nachhaltig schädliches Problem. Die Toxine werden nur vermeintlich mehr Rendite bringen und die Schädlingsbekämpfung ist nur durch die nachhaltige Bekämpfung auf natürlicher Ebene zu erhalten. Die Bekämpfung der Schädlinge durch Toxine ist eine Zerstörung auf Raten eines natürlichen Kreislaufes. Die Toxine, die nicht mehr abbaubar sind, werden die Grundlage von jahrzehntelangem Ackerbau entreißen. Der Wiederaufbau von gesunder Erde und gesundem Bienenvolk und anderen Insekten, die den Kreislauf unterstützen, sind nur langsam zu erforschen und wieder zu regenerieren.

Die wirklichen Schadstoffe sind in einer anderen Rubrik zu suchen. Die Welt-Gesundheits-Organisation ist daran, sich mit diesem Phänomen zu befassen und hat zumindest den Auftrag gefasst, mit natürlichen Mitteln die Schädlinge zu bekämpfen. Denn in der Logik von Natur und Gezeiten ist ein Mittel vorhanden, das es noch gilt zu entdecken und in einer neueren Erfindung auf großflächige Anwendung umzusetzen. Die WHO ist daran, diesen Kreislauf zu erkunden und demnächst in einer fulminanten Entdeckung und Groß-Aktion zu verbreiten.

Der Segen kommt über die Einsicht, dass die Natur alles in sich birgt und der Mensch nur gewillt sein muss, sich dem zu unterordnen und einerseits auf eine Menge von Konsumgütern zu verzichten, aber dafür auf die Gewährleistung von anderen viel wichtigeren Grundnahrungsmitteln zu vertrauen und die Garantie zu erhalten, dass diese gewährleistet wird. Dies auf viele Generationen hinaus, sobald man die richtige Haltung und die richtigen Schutzmaßnahmen dazu ergriffen hat.

Die Kinder unserer Kinder werden in einem Kreislauf von Nutzen und Verbrauch leben, von denen wir heute noch keine Ahnung haben, aber danach suchen.

Der Friede und die Einsicht werden die
Natur wieder ins Gleichgewicht bringen.

Die Kriege werden viel zerstören, aber die Einsicht, dass dieser Irrsinn aufhören muss, bevor die letzten Generationen ins Elend gestürzt werden; durch Hungersnot und Wasser-Krisen – dies dürfte die Welt zur Umkehr treiben. In großer Not wird die Notbremse gezogen und die Einkehr zu Verzicht, um daraufhin wieder im Fluss von Gütern und Nahrung leben zu können – diese Wende ist in Sicht.

Hütet euch vor der Arroganz, dass sich alles in jedem einzelnen Land schon einfinden wird, solange man den Oberhäuptern, der Regierung und den Universitäten genügend Aufmerksamkeit, Gehör und Unterstützung zukommen lässt. Die wirkliche Leistung und die tatsächliche Wende beginnen jedoch im Volk. Es will nicht mehr leiden und zusehen, wie die Umwelt zu Grunde gerichtet wird; von besitzergreifenden und nichtssagenden Politikern, die schlussendlich nur die Fassade polieren, aber nicht den Kern der Sache und die Ernsthaftigkeit der Lage erkennen. Das Volk, mit vielen erleuchteten Personen, die durch die Meditationen und durch die Verbindung mit dem göttlichen Universum verbunden sind, werden die Führung übernehmen. Im Kollektiv werden sie Bewegung in diese fast hoffnungslose Situation bringen. Neue Ideen und neue Revolten werden dies alles bewirken.

Dieser Wandel in den Köpfen, in Geist und Seele jedes Einzelnen, würde die Welt wieder in eine friedlichere Ebene bringen. Die Kriege würden sich in Grenzen halten und die Versorgung von Lebensmitteln würde aufgrund der achtsameren Denkweise neue Wege gehen.

Der friedliche, aber unaufhaltsame Aufstand der Bürger wird die Politik dazu bewegen, neue Wege auszuprobieren und im Frieden und in neuer Haltung die Agrarpolitik und die Wirtschaft zu renovieren und der Revolution der Herzen von vielen Bevölkerungsteilen nachzugehen.

Der Friede wird den Aufstand besänftigen, obwohl der Zorn auf die Regierung mit Hass und Angst anstachelt.

Der Friede ist das Ziel.

Vorbildfunktion und Leichtigkeit im Alltag

29. August 2016

Die Gemeinsamkeiten der unterschiedlichsten Lebensbereiche sind nicht einfach zu vereinbaren. Aber es ist genau die Kunst in diesem Sinne, sie zu erkennen. Sehr wohl bestehen Gemeinsamkeiten, obwohl die unterschiedlichsten Lebensbereiche durch die Gesellschaft zu vereinbaren sind. Politisch, wie gesellschaftlich und auch von einer Leichtigkeit durchströmt, die es nicht einmal in diesem Sinne erkennen lässt, als dass es sich als eine politische Wende abzeichnet.

Es soll einfach so geschehen, schleichend und sanft. Wie aus dem Unsichtbaren, aus dem Hintergrund in kleinen Schritten. Immer näher an die Wende. Die Wende im Geist jedes einzelnen Erdenbürgers. Das ist das Ziel und es ist jetzt noch unvorstellbar, wie sich dies so für eine globale Situation aufgleisen ließe.

Der Glaube daran, ist der erste Schritt. Es soll einfach an einem Teil der Erde oder an unterschiedlichen Ländern begonnen werden, diese Methode zu praktizieren und zu verbreiten. Nicht missionarisch, sondern durch das stetige Ausleben. Durch die Vorbildfunktion; wie es in der Kindererziehung auch greifen kann. Das Vorbild ist der beste Anschauungsunterricht. Dies wird zudem mittels Mund-zu-Mundpropaganda verbreitet und erzählt über die Leichtigkeit der neuen Methode als "Lichtblick für die Zukunft". Das ist das Ziel.

Es soll wieder die Einfachheit regieren und die Leichtigkeit im Alltag kursieren. Das komplizierte Bestrebt-Sein um ein besserer Mensch zu werden, ist eine Bürde für die meisten Erdenbürger. Die Sündhaftigkeit ist eine große Verlockung und scheint oft als einziger Gegenspieler von einem tugendreichen Leben. Tugendhaft hat den Ruf von langweilig und unausgeglichenem Leben. Aber in Wahrheit ist es keine Bürde, sondern eine Unterstützung: Die Tugend ist eine Macht, die das Böse und das Dunkle in Schacht hält.

Die Tugend ist ein Schutz gegen körperliche Belastungen und ein Schutz gegen schwierige komplizierte Situationen. Tugendhaftigkeit ist eine leichte Form von Einfachheit.

> Je einfacher man das Leben gestalten
> kann, umso leichter ist man unterwegs.

Die Quelle der Liebe ist die Quelle des Menschen

2. Januar 2019

Die Einsamkeit zwingt so viele Menschen in die Bedrängnis. Sie verweilen in der Menge und wundern sich, dass sie niemanden kennenlernen und sich nicht mit positiver Energie laden und sich nicht erfüllen können. Sie suchen und suchen und sehen es als den einzigen Ausweg aus ihrem inneren Gefängnis, als dass sie sich in der Menge oder Gruppe jemanden suchen, der oder die ihr inneres Leiden besänftigen und stillen können.

Die Quelle der Liebe entspringt jedoch nicht aus Gruppierungen und schon gar nicht aus einem einzelnen Menschen. Das ist unlogisch, weil die Herzen aller Menschen aus einer gemeinsamen Quelle Nahrung finden. Es ist das göttliche Universum (wie bereits beschrieben), das die Energiespeicher einer Seele, und somit des Menschen Herzen, speist. Die Begegnungen unter Menschen beruhen auf Kommunikation etlicher Art. Sei das in Worten oder Berührungen und Betrachtungen. Die Handlungen sind wiederum mit anderen Energien beeinflusst, die nicht unbedingt der Herzenergie entspringt.

Die Logik ist die: Man soll sich aus dem großen Ganzen eine Orientierung holen und so mit dem großen Ganzen verbunden sein. Die einzelnen Menschen treffen sich aufgrund entsprechender Interessen und Affinitäten.

Beispiel: Wenn jemand sich für Eishockey interessiert, dann besucht er ein Stadion und die Energie von Begeisterung erfüllt ihn mit Freude und Kraft. Aber auf der anderen Seite stehen die Gegner und die erfüllen ihn auch mit negativen Energien. Fazit: Die Kampflust stillt nicht die Sehnsucht nach Liebe.

Die Sehnsucht nach erfüllender Liebe wird auch nicht aus der Begegnung eines einzelnen Menschen gestillt. Aber dieser Mensch kann sie auslösen. Er kann sie in Form von Berührung und Kommunikation bestätigen, nämlich: WAS MAN BEREITS IN SICH TRÄGT. Aber damit die Liebe in das "RESERVOIR", als grundsätzliche Liebesfähigkeit gespeist wird, benötigt es die universelle Energie aus dem großen Ganzen.

Die Verbundenheit zur Natur (als Beispiel) ermöglicht die Aufstockung der Liebesfähigkeit, weil sich die Energien in der Umgebung von höher schwingenden Kreisen, z.B. der Bergwelt, schnell erhöhen. Aber es können sich nicht alle Menschen dieses Planten in der Natur aufhalten und dennoch dürfen sie Kraft spendende Liebe erwarten. Die Verbindung zum großen Ganzen (wie es definiert ist: nämlich zum hellen Licht aus dem göttlichen Universum), kann jeder Mensch – egal in welcher Umgebung er sich befindet – erlangen.

Die Quelle der Liebe befindet sich in der Visualisierung zum hellen Licht aus dem göttlichen Universum.

Wenn man diese Technik anwendet, passiert folgendes: Es kehrt Frieden ein, es kehrt Freude ein, es kehrt Entspannung ein, es kehrt die Liebe zu sich selbst ein – und kreiert innerliche Bilder mit neuen Visionen – somit kehrt Hoffnung und Zuversicht ein.

Dieser Mensch, gestärkt mit diesen neuen Energien von Selbstliebe, Frieden, Hoffnung, Freude und Zuversicht – tritt einer Gruppe oder einem einzelnen Menschen gegenüber anders auf, als zuvor in seiner Einsamkeit, Trauer, Zweifel, Angst und Verwirrtheit oder Orientierungslosigkeit. Dieser Mensch wird "attraktiver" auf der energetischen und spürbaren Ebene. Er zieht jemanden an oder zieht eine Gruppe an, die ebenfalls erfüllt sind mit Freude, Liebe und Frieden. Schlussendlich geht es darum, dass man sich gegenseitig bestärkt in seiner Liebesfähigkeit und in der Fähigkeit, Freude zu empfinden und somit Hoffnung und neue Ideen zu kreieren.

> Die Liebe soll man nicht suchen,
> sondern anziehen.

Der Herzmagnet wird gespiesen durch das kraftvolle Licht aus dem göttlichen Universum. So einfach ist das: Man muss nicht suchen, sondern sich täglich "laden".

Gehet in Frieden und lässt euch durchfluten von Frieden, Freude und Selbstliebe, in jedem Moment mit Heiterkeit.

Die Quelle des Glücks ist das Licht

13. Januar 2019

Die augenfälligste, d.h. die offensichtliche Kraftquelle des Menschen ist die Liebe als solches. Aber, wie wir bereits erfahren haben, ist die Liebe eigenen universellen Gesetzmäßigkeiten unterlegen. Übergeordnet sind mannigfaltige Prozesse zu durchlaufen, bis man die reine Essenz von Liebe erfährt und in sich aufnehmen kann.

Allen Ursprungs obliegt der Kraft des göttlichen Lichts aus dem göttlichen Universum. Dies ist die Logik, auf der basiert alles Erdendasein. Der Gegenpool unterliegt dem allgemeinen Gesetz der Dualität. Der Mensch ist deshalb mit den Widersachern wie Hass, Wut, Boshaftigkeit und Querelen aller Art konfrontiert. Wie in anderen Kapiteln darauf hingewiesen, kann die göttliche Lichtquelle diese niederen Schwingungen und dunklen Kräfte am besten besiegen oder zumindest entwaffnen und entkräften.

Düsterheit wird immer mit
Licht überflutet und beseitigt.

Das ist die einfache Botschaft an die Menschheit: Nämlich, dass die Summierung von Licht die Düsterheit – sei sie noch so in großer Dichte vorhanden – schlussendlich mit stetiger Besonnenheit durchflutet und somit alles "Unlichte" bekämpft.

Den Feind kann man mit Waffen niederstrecken, mit Aggression und ausgeklügelter Technik, aber die Kombination von Liebe zum Mitmenschen (im Sinne von Humanität) und zum großen Ganzen ist schlussendlich stärker als Zorn und Gewalt.

Das heißt nicht, dass man sich nicht wehren soll und sich nicht tatkräftig verteidigen und wappnen soll. Aber es wird hier an dieser Stelle darauf hingewiesen, dass jeder Mensch sich als Einzelner mit dem göttlichen Licht ZUSÄTZLICH wappnen und ernähren soll, damit die Basis aller Konflikte auf dem Grund entschärft wird. Die

Essenz von Boshaftigkeit kann so nicht wirksam durchdringen; das ist wie eine Imprägnierung, wie eine Schutzhülle.

> Das Glück eines jeden Menschen
> hängt von der Liebe ab.

Die Liebe ist ein unablässiges Elixier und ist nicht wegzudenken aus einem irdischen Menschenleben. Das Glück des Menschen hängt somit von der Lichtquelle des göttlichen Universums ab. Dies ist die simple Botschaft und kann nicht genügend` wiederholt und dargestellt werden.

Die Liebesfähigkeit und die Liebesbereitschaft wird aus dem göttlichen Licht genährt, ob dies ein Mensch bewusst oder unbewusst aufnimmt. Es ist so. Die Quelle der Liebe ist somit auch die Quelle des einzelnen Glücks, eines jeden Menschen.

Gehet in Frieden und seid im Bestreben,
ein glückliches Leben zu führen;
immer wieder im Bewusstsein, dass wo
die Liebe steht, das Glück folgt.

Die Lichtquelle ist mit dem Irdischen verbunden

17. Januar 2019

Die Herkunft bzw. Ursprung allen Seins, entspringt dem göttlichen Universum. Wie bereits vorangehend erwähnt, kann die Liebe nur entstehen, indem der Mensch mit dem göttlichen Universum und dessen Lichtquelle verbunden ist. Dies geschieht einerseits automatisch, weil das Dasein allen Lebens seine Berechtigung, seine Existenzquelle aus dem göttlichen Universum bezieht. Diese Quelle ist unermesslich und stetig fließend. Die Milliarden, Billionen von Lebewesen entstehen somit aus dem Kosmos des Universums, unendlich und unvorstellbar grenzenlos. Für die Verständigung eines einzelnen Menschen benötigt es jedoch Grenzen und Regelungen. Diese Beschränkungen lassen uns in die Irre führen und unsereins verunsichern, wenn diese Dimensionen versucht werden zu verstehen.

Der Mensch hat jedoch auch die Möglichkeit zu vertrauen. Das Ur-Vertrauen und das Verständnis von

Vertrauen und das Erlangen von Übungsmöglichkeit und vertrauensvolle Handlungen zu entwickeln, kann schon hilfreich, aber auch irritierend sein. Der Mensch benötigt eine Zuweisung von Informationen und entsprechenden Handlungen, wenn er sich im Alltag zurechtfinden soll. Die Notsituationen entsprechen nicht unbedingt dem Alltag, aber sie können demselben zugeordnet werden. Es geht darum, dass sich der Mensch in der Not innert sehr kurzer Zeit entscheiden muss, ohne dass er es wirklich überdenken kann. Die geistige Blitzesentscheidung beruht eigentlich bloß auf der Erfahrung, Vertrauen zu entwickeln. Vertrauen in eine verbindende Kraft. Diese Kraft entspringt dem göttlichen Universum und gilt als "die innere Führung" eines jeden Menschen.

Diese Führung basiert auf der Verbindung mit dem göttlichen Licht. In diesem Sinne ist das Vertrauen eine besondere "direkte Leitung" und entspricht einem besonders direkten Zugang zum göttlichen Licht, das einem mit Vertrauen erfüllt und entsprechend Handlungskraft verleiht. Diese Lichtquelle ist somit unabdingbar für ein irdisches Dasein. In der modernen Technik würde man es als "Radar", als "Sensor" oder als "Überwachungsgerät" bezeichnen. Die Verbindung zur Lichtquelle aus dem göttlichen Universum ist somit Schutz, herrührend aus der inneren Führung.

Die Tiere haben dieselbe Hilfeleistung zur Verfügung, aber weil diese Lebewesen nicht erwiesenermaßen oder nur über eine geringere Dichte von Gefühlen und Denkfunktionen verfügen, agieren sie über den Instinkt. Jedes Lebewesen auf Erden verfügt über die Verbindung zum göttlichen Universum und somit zur Lichtquelle und Kraftquelle, um seine täglichen Entscheidungen in jedem Moment bestmöglich zu bewältigen.

Aber weshalb gibt es dennoch Tote, Verletzte und kranke Lebewesen? Diese Frage kann nicht als isolierte Begebenheit stehen. Der Planet Erde hat ein Funktionssystem, das auf Dualität basiert. Dies ist unabdingbar, für das Gleichgewicht als Ganzes.

Sterben und Werden ist Gesetz, jeder
und alles dient dem Gleichgewicht.

Weshalb funktioniert es nicht, "Gleichgewicht auf
Erden" herzustellen? Die Welt ist immer wieder im Um-
bruch und erfährt globale Katastrophen und massive
Störungen wie Klimaveränderungen, Völkerwande-
rungen und politische Erdbeben. Auch hier gilt das
Gesetz der Dualität. Der Mensch lernt über Fehler, über
Schmerzen, über Misserfolge, wenn er sich nicht an der
inneren Führung orientiert. Wie auch schon erwähnt,
rückt der Mensch in der Katastrophe wieder in die
Nächstenliebe, Solidarität und Versöhnung.

Die Dualität besteht aus Liebe und dem Licht – und dem
Bösen, dem Dunklen, dunklen Mächten aus dem
Universum.

Die dunklen Mächte gehören zum Universum, wie alles
andere aus dem unendlichen Universum dazugehört.
Die Existenzen sind unaufhörlich am Entstehen und

Vergehen. Dies ist in einem Ausmaß und in einer zeitlichen Bahn, die dem menschlichen Verständnis vollkommen abgeht.

> Die universellen Dimensionen haben
> keine Grenzen.
> Des Menschendasein jedoch besteht aus
> absoluter Begrenztheit!

Die immer wieder neuen Dimensionen aus anderen Galaxien erschüttern die Energiebahnen unseres Kosmos – ohne unser bewusstes Wissen. Diese Energieschübe bringen uns oft an die Grenzen, weil wir nur im Außen erfahren, was sich ändert, aber wir haben keinen Zugang zum Verständnis, wie uns geschieht. Die Aggression macht sich zum Beispiel breit und bald ist im Außen Unruhe und Krawall. Die politischen Unruhen basieren meistens auf Veränderungen in naher Galaxien. Dies wäre ein Beispiel, wie man sich – jeder für sich im Einzelnen – schützen könnte, um wieder für sich ins Lot zu kommen und sich nicht in dem allgemeinen Aufruhr zu exponieren und sich zu gefährden. Wenn ein Volk in Aufruhr kommt, wird es gefährlich, weil die Masse in Bewegung kommt – egal, wo der Abgrund steht.

Die Lichtquelle allen Daseins auf Erden kann beruhigend, stärkend und vor allem hilfreich sein. Die einzige Leistung, die der Mensch beisteuern muss, ist sie zu fördern, sich als Empfänger zu üben. Die Instinkte laufen automatisch – wenn man sich nicht durch Angst und blinder Unterwerfung, die meistens das Ego befiehlt – ablenken lässt.

Intuition, Instinkte, dies alles entspringt aus derselben Quelle: dem göttlichen Universum.

Gehet in Frieden und lässt Euch
vermehrt auf die Instinkte ein und
strebt an, die Intuition zu üben, indem
Ihr akzeptiert, dass die Lichtquelle aus
dem göttlichen Universum als "Strom"
für alle irdischen Funktionen zum
Selbstschutz empfangen werden sollte.

Die Menschen empfangen das Irdische über das himmlische Licht

18. März 2019

Die Voraussetzungen für ein bewusstes und selbstloses, in seiner Bestimmung sinnbringendes Dasein macht folgende Grundregel des universellen Kosmos aus:

Die Menschen belügen sich selbst, wenn sie glauben, dass sie die Kraft und das Zentrum allen Seins sind. Sie glauben, dass, wenn sie nur genügend fleißig und willensstark sind, sie ihre Ziele erreichen und Macht erlangen, Wohlstand und ebenso Glück. Und dieses Glück sei anziehend und für sie wiederum machtvoll. Dem ist schon so, aber nicht aus dessen Ursprung, wie angenommen. Glück ist für andere Mitmenschen immer attraktiv und somit anziehend und machtvoll in seiner Wirkung. Aber, bis das Glück einem erreicht, benötigt es mehr als Fleiß und Wille, Ausdauer und geistiges Geschick.

Das Glück besteht vorwiegend
aus Liebe."

So einfach ist die Regel. Der Botenstoff, den glückliche
und somit auch erfolgreiche Menschen ausströmen, ist
Liebe. So kann man es auch erklären. Und Liebe ist einer
der stärksten Lockboten. Wer möchte schon nicht Liebe
empfangen, sie "konsumieren"? Einfach so, ohne etwas
dafür tun zu müssen? Glückliche Menschen können
andersrum für dunkle Wesen ein Grund sein, einen
weiten Bogen zu machen. Dies, weil es die aktuelle
Lebensform zusehends verändern würde. Es gibt Menschen, die sind gar nicht bereit, ihren Alltag zu
verändern – sie wollen gar nicht, dass man ihnen
tatkräftig hilft. Vielmehr wollen sie bemitleidet und
umsorgt werden. Jedenfalls wollen sie keine Unterstützung, die erreicht, dass sie eine konkrete Veränderung vollbringen müssten. Dies gilt es zu akzeptieren.
Es gibt auch diejenigen Menschen, die sich aus derart
verstocken Verhaltensmustern, die von Angst und
Gewalt regiert sind, nicht fähig fühlen, etwas zu
verändern. Dies gilt es auch zu akzeptieren. Aber es geht

jetzt darum zu erkennen, dass die Liebe als stärkster Botenstoff dieses irdischen Daseins wirkt. Wenn man dies versteht, kann man auch nachvollziehen, dass dieses «Erfolgsrezept» mit dem göttlichen Universum gekoppelt ist. Wie vorangehend ausführlich beschrieben und begründet, entspringt die Liebe immer der Verbindung zum göttlichen Universum. Anders gesagt: die irdischen Handlungen, die einem dazu antreiben, erfahren ihre Kraft aus "dem Himmlischen"; dem göttlichen Universum.

Wie steht es mit Taten, die nicht erfolgreich oder sogar kriminell und zerstörend wirken? Die Dualität ist wie auch bereits erklärt, Teil vom irdischen System. Die Dualität ist ein Bestandteil der Gesetzmäßigkeit auf Erden. Die Natur und der Mensch benötigen die Dualität, um als Ganzes betrachtet im Gleichgewicht zu sein. Kriminelle Handlungen und zerstörerische Kräfte basieren auf einem Ungleichgewicht. Der freie Wille eines jeden Menschen ist die Nadel an der Waage. Es kann alles ins Ungleichgewicht kippen, wenn man nicht die Bereitschaft hat, sich der Liebe aus dem göttlichen Universum zu öffnen. Aber es ist nicht so, dass dies ein Zeigefinger-Aufruf ist! Es ist nur die sachliche Erklärung, warum es Menschen gibt, die sich lieber im Dunkeln aufhalten, als in der göttlichen Lichtquelle. Es ist auch nicht so, dass die Menschen, die Liebe und Glück, sowie Erfolg erleben und es tatkräftig ausleben, d.h. absolut willentlich und bewusst mit dem göttlichen Universum verbunden sein wollen. Aber sie sind es dennoch! Es geht hier um die Erklärung, wie es zu Glück und Erfolg führen kann.

Der Mensch neigt dazu, schnell zu werten und auch die irdischen Gesetzesverordnungen tragen viel dazu bei, dass der Mensch sich auf diese Weise orientiert. Aber so kann er nicht immer auf das Wesentliche sehen. Ein Beispiel zeigt dies auf: Auch ein Mafia-Boss kann Liebe verspüren und auf seine Art Glück erfahren und Erfolg haben. Im göttlichen Universum geht es vordergründig nicht darum, wer die irdischen Gesetzmäßigkeiten umsetzt oder nicht. Im Falle von Gewalt, Betrug und

Respektlosigkeit anderen Lebewesen gegenüber greifen andere Gesetzmäßigkeiten, die diesen Menschen schon zu seiner Rechenschaft ziehen ... es ist eine Frage von Zeit, bis er sich dieser Verantwortung unterziehen muss, um sein Verhalten zu korrigieren. Auch das ist ein Gesetz der Dualität! Wir wollen mit diesem Beispiel aufzeigen, dass Liebe wie ein Atom, ein Molekül auf der irdischen Ebene wirkt. Und dieses Bestandteilchen wirkt auf allen Ebenen, auf dem ganzen Planeten, in jedem Kontinent und für (gesetzlich betrachtet) "gute" oder "böse" Menschen.

Die Liebe entspringt dem göttlichen Universum und beeinflusst das irdische Dasein in jedem einzelnen Augenblick. Sei es, wenn sie empfangen und verströmt wird – oder eben abgewiesen oder unterdrückt. Sie hat Einfluss in jedem Moment: durch ihre Anwesenheit oder durch ihre Abwesenheit.

> Die Liebe ist die allgegenwärtige
> Treibkraft auf Erden.

Licht, Himmel, Erde: eine Einheit des Menschen Kraft

5. Mai 2019

Seit Menschengedenken ist die Kraftquelle eines jeden Lebewesens die Nahrung. So ist es vermeintlich hinterlegt und doch gibt es Anzeichen dafür, dass es beim Belassen einer Nahrungseinnahme erstaunlich lange währt, bis ein Lebewesen eingeht und die verstorbene Seele den Körper und somit diesen Planeten verlässt. Die Unsterblichkeit der Seele lässt darauf hinweisen, auf was es sich tatsächlich beruht:

Das Wesentlichste unseres Daseins – sei es als Mensch oder Tier – ist die allmächtige Kraftquelle aus dem göttlichen Universum. Von dort kommt der Instinkt, die Mannigfaltigkeit von Wissen und dem Antrieb, das Leben zu meistern und dies unaufhörlich zu tun, ohne es täglich und stündlich zu hinterfragen. Im einfachen Sein ist es der Beweis, dass die wichtigsten Nährstoffe aus einer anderen Quelle kommen, als aus der Nahrung. Selbst dies kann man aufzeigen mit der Frage: "Woher kommt die Kraft unserer Nahrung?" Es zeigt auf, dass es ein Kreislauf ist, der sich doppelt überkreuzt und in sich schließt.

(Der Planet) Erde (inkl. Wasser), Himmel (Luft) und Licht (Sonnensystem und das göttliche Universum): Daraus entstehen die Nahrungsgrundmittel aller Lebewesen auf diesem Planeten. Aber die göttliche Kraft aus dem Universum speist alles. Um dies zu verstehen, benötigt es diese Sicht:

> Das Göttliche ist nicht zu definieren,
> sondern als Allmacht zu erkennen
> und zu bejahen.

"Wer dies hinterfragt, kann die ganze Last der Erde stemmen und kann die ganze Mystifizierung aller Naturgesetze erklären und beweisen!" ... Das ist natürlich eine Provokation, um aufzuzeigen, um was es uns geht. Kann ein Mensch tatsächlich alles erklären und beweisen? Ist dies schlussendlich elementar oder einfach ein im Ego verhafteter Anspruch eines Menschen? Wir wollen dies nicht beklagen oder anpreisen. Weder noch.

Wir wollen aufzuzeigen, dass die Wissenschaft und die Forschung ein sehr hilfreiches Werkzeug der Zivilisation sind. Aber die Naturgesetze sind spirituellen Gesetzmäßigkeiten unterzogen und wenn die Wissenschaft diese entdeckt und erklärt und für die Gesellschaft nutzen kann, umso besser. Aber es hat nichts Machtvolles an sich, sondern es ist schlicht ein Weg, das Leben zu erklären und ein Versuch, es zu bewerkstelligen, in bestmöglichen Rahmenbedingungen.

Ob im "Mittelalter" oder in der "Hightech-Zeit": Die spirituellen Gesetze haben sich nicht verändert. Sie wurden als Basis der Menschheit und der Tierwelt bereitgestellt und die Verfeinerung der Schwingungen haben sich lediglich entsprechend den Ansprüchen von Gesellschaft und Technik erhöht.

Es kommt nun in keiner Weise auf die Beurteilung von internationalen Gremien an, ob die spirituellen Gesetze erklärbar sind oder noch weiter in Wissenschaft und Technik eingeflochten werden. Es geht darum, dass der

Mensch – die Menschheit – ein ANDERES BEWUSST-SEIN erfährt. Die Technik und die Forschung sollen höchstens dahingehend eine Rolle spielen, als dass sie die schädlichen Verhaltensweisen der letzten Jahrzehnte – vor allem dieses einen Jahrhunderts – wieder schmälern und korrigieren können. Die Naturgesetze – und somit die spirituellen Gesetze – sollten vermehrt studiert und berücksichtigt werden, damit die Erde wieder in Einklang ihrer Funktionen / ihren Naturgesetzen kommen kann.

Die juristischen Gesetze der irdischen Welt sollten im Widerspruch zu den spirituellen Gesetzen – den Naturgesetzen – dramatisch angepasst werden! Der Konsum ist das Übel allen Leides. Das Ego ist unersättlich und die Finanzbranche ist oft von teuflischen Kräften besessen. Auch dies ist ein spirituelles Gesetz: die Dualität. Das Dunkle und das Helle polarisieren, um ein Gleichgewicht herzustellen.

Anders gesagt: Das Gleichgewicht ist außer Kontrolle. Dies gilt es zu erkennen und die Erde als GANZES zu betrachten. Grenzen sind zu überdenken und zu verschieben. Globalität sollte nicht nur wirtschaftlich, sondern auch human betrachtet werden. Die Luft und das Wasser sind international mit einem Kreislauf verbunden. Dieser hat keine Ambitionen – und nicht die Funktion – das reichste Land zu sein, das erfolgreichste Unternehmen oder das fortschrittlichste Land sein zu wollen.

Um das geht es wirklich:

> Es besteht eine Formel für jedes Molekül und wenn das gestört wird – durch welche Einflüsse auch immer - dann gilt es schlicht und ergreifend, diese Formel zu korrigieren.

> Und das ist eines jeden einzelnen Menschen seine Pflicht.

> Im Kleinen muss es auf das Große übertragen werden.

JEDER ist gefragt.
In seinem Haushalt, in seinem Denken
und in seinem Handeln.
JEDER.
Jeder muss umdenken.
Jeder muss sich vorstellen, dass
er "der Andere" ist."

Und dann kommt Mitgefühl, dann kommt die Kraft des
Kollektivs und dann kann etwas bewegt werden. Aber
solange jeder denkt, "der Andere" kann und soll es
richten, geht gar nichts in Bewegung.

Solange jeder sich ohnmächtig fühlt,
wird alles in Ohnmacht versinken.

Dies ist ein Appell an die Menschheit, egal in welcher
Stadt und in welchem Land und in welcher religiösen
und politischen Haltung sich der Einzelne befindet: Das
Wasser, das Licht (samt Luft) und die Erde ist das
Kraftfeld, ist die Basis und der Ursprung allen Seins. In
jeder Sekunde und für jede Pore, jede Zelle. Die Luft, das
Wasser und das Licht sind zusammen mit der göttlichen

Quelle das Leben auf Erden, das man verliert, wenn ein einziges Element davon wegfällt.

Denkt nach!

**Die Welt droht
aus den Fugen zu geraten,
weil jeder
an seinem eigenen Ego feilt.**

Anleitung Beorderung des weißen Lichts aus dem göttlichen Universum

25. Mai 2019

Die Beorderung des weißen Lichts aus dem göttlichen Universum bedarf keiner Kunststücke. Es bedarf höchstens eines reinen Herzens.

Aber dies ist in Notsituationen und ärgerlichen Lebensumständen, oder in Einsamkeit, Angst und Schrecken nicht gut möglich. Das wäre zu viel verlangt. Es liegt uns viel daran, die Menschheit zu ermuntern, dass die Beorderung des weißen Lichts ein alltägliches Heilmittel und für jede Situation sein kann. Es ist eine Beisteuerung an ein bewusstes und glücklicheres und schlussendlich auch gesünderes Dasein. Es ist nicht wesentlich, ob der Mensch, der es beordert, reif in seiner Entwicklung, besonders intelligent oder ein "Gut-Mensch" ist.

> Es geht darum, dass sein Wille und sein höheres Selbst sich verbinden und damit eine große Kraft entwickelt.

Wertung und Glaube spielen keine Rolle.

Es geht lediglich darum, dass dieser Mensch sein Bewusstsein auf die Visualisierung von weißem Licht konzentriert und sich vorstellt, wie weißes, glimmendes Licht von oben in einem breiten Strahl über ihn hereinströmt, seinen Kopf erreicht und von dort in einer kräftigen Fülle durch seinen ganzen Körper bis zu seinen Füssen gleitet.

Die Körperhaltung ist so einzunehmen, wie es grade möglich ist. Stehend, sitzend oder liegend. Geübtere können es im Liegen praktizieren und sich den Fluss entsprechend in einem anderen Winkel vorstellen.

Das ganze praktische Prozedere beruht auf Vorstellungskraft. Und dies ist der Magnet für die Energie. Es ist wie ein Code, der eine Verbindung mit einer feinstofflichen Materie auslöst.

Die Kraft der Gedanken ist der Schlüssel zur Inbetriebnahme dieses heilsamen Vorganges.

Sobald das Licht aus dem göttlichen Universum in der eigenen Wahrnehmung erscheint, trifft eine Entspannung ein. Gefühlt wird es oft als Ausatmen und man spürt eine Zentrierung der eigenen Körpermitte.

Die Körperhaltung wird meist aufrechter, d.h. der Rücken streckt sich um einiges und die Nackenpartie wird als besonders gestärkt empfunden.

Die aktuellen Gedanken gleiten in das Bewusstsein zum Jetzt. Man nimmt den Moment – gerade jetzt in seinem Körper zu sein, der mit diesem weißen Licht "gefüllt' wird – derart intensiv wahr, sodass die Sorgen in den Hintergrund gleiten. Ein friedvolles Gefühl strömt durch einem und die Zeit steht still – jedenfalls im Empfinden.

Die danach aufkommenden Gedanken und Gefühle dürfen jedoch fließen. Sie sollen strömen, in Tränen, in Freude und Lächeln, in Dankbarkeit oder Flehen und Jammern ... gerade wie es kommt.

Sei wie Du bist!

Es hat die Bestimmung, dich wieder in Fluss zu bringen.

Es hat die Bestimmung, in Zuversicht und in die Kraft zu kommen.

Es darf gebetet werden (im Sinne von "bitten").

Es darf alles an Gefühlen und Gedanken Platz haben, solange die Fokussierung auf dem Lichtstrom bleibt.

Mit geschlossenen Augen lässt es sich am besten gestalten und man darf sich auch **zugleich immer wieder dehnend bewegen**. So, wie es der Körper einem verlangt.

Die ruhende Haltung kann zum Beispiel mit ausgestreckten Armen sein: seitlich, nach oben, oder nur mit leicht angewinkelten Unterarmen und offenen Händen. Es soll eine Körperhaltung eingenommen werden, die jedem entspricht und das Empfangen vom Lichtstrahl in seiner Vorstellungskraft unterstützt.

Das weiße Licht kann sich weiter ausdehnen: Zu einer großen Hülle, als Lichtkugel, oder wie ein Iglu über einem gestülpt. Es kann auch die Form eines Kubus annehmen, oder schlicht seiner eigenen Körper-Silhouette entsprechen.

Die Vorstellungskraft darf individuell gestalten. Hauptsache ist, dass man sich auf diese Vorstellung einlässt und sich physisch und mental dem hingibt.

> Verbringt innig diese Zeit, um sich an der
> Quelle zu stärken.

Der Abschluss dieser Technik ist inhaltlich ein Dank an das göttliche Universum und mit der Bitte verbunden, dass *"alles, was nicht ins Licht gehört von einem weicht und alles, was nicht zu einem gehört ebenfalls von einem abfällt"*.

Man bittet um *"den Segen vom Licht"*.

"Möge er wirken auf allen Ebenen seines Seins."

Die Wortwahl kann individuell gestaltet werden. Hier kommt der Aspekt vom "reinen Herzen" hinzu (es aus ganzem Herzen zu wollen). Doch wir wissen, dass nicht jeder – je nach Situation – die Möglichkeit hat, länger um eine Beorderung zu bitten oder sie inhaltlich in dieser Form abzuschließen. **Wichtig ist, dass man sich danach wieder mit beiden Füssen auf dem Boden fühlt und mit "offenen Augen" in seinen Alltag zurückgeht.**

> Der Himmel und die Erde sind eins,
> aber der Mensch soll sich bewusst
> sein, dass er ein Bindeglied ist.

Die Erteilung einer Lektion ist nicht nötig. Das Beten/Bitten und Danken ist seit Menschengedenken ein persönlicher Bereich eines jeden Menschen. Die

vorgeschriebenen Worte für eine große Bevölkerung
können wir nicht unterbreiten.

**Es soll jedes Individuum seinen Ressourcen entspre-
chend Zugang zur Quelle der Liebe haben.**

**Gehet in Frieden und beruht
euch auf dieses Geschenk.**

**Jeder ist wichtig auf diesem
Planeten.**

**Traget Sorge zu euch selbst
und zum Mitmenschen.**

**Die Mutter Erde wird es allen
mit Harmonie danken.**

Notizen